"十四五" 国家重点出版物出版规划项目

国家出版基金项目
NATIONAL PUBLICATION FOUNDATION

埃及、摩洛哥
职业教育研究

徐宏伟 编著

外语教学与研究出版社
FOREIGN LANGUAGE TEACHING AND RESEARCH PRESS
北京 BEIJING

■ 图书在版编目（CIP）数据

埃及、摩洛哥职业教育研究 ／ 徐宏伟编著. —— 北京：外语教学与研究出版社，
2024.12
（现代职业教育发展国别研究丛书 ／ 米靖总主编）
ISBN 978-7-5213-3987-1

I. ①埃… II. ①徐… III. ①职业教育－研究－埃及②职业教育－研究－摩洛哥
IV. ①G719.411②G719.416

中国版本图书馆 CIP 数据核字 (2022) 第 185678 号

埃及、摩洛哥职业教育研究
AIJI MOLUOGE ZHIYE JIAOYU YANJIU

出 版 人　王　芳
项目负责　李淑静
责任编辑　王志艳
责任校对　牛贵华
封面设计　范晔文　彩奇风
出版发行　外语教学与研究出版社
社　　址　北京市西三环北路 19 号（100089）
网　　址　https://www.fltrp.com
印　　刷　北京捷迅佳彩印刷有限公司
开　　本　710×1000　1/16
印　　张　10
字　　数　162 千字
版　　次　2024 年 12 月第 1 版
印　　次　2024 年 12 月第 1 次印刷
书　　号　ISBN 978-7-5213-3987-1
定　　价　44.00 元

如有图书采购需求，图书内容或印刷装订等问题，侵权、盗版书籍等线索，请拨打以下电话或关注官方服务号：
客服电话：400 898 7008
官方服务号：微信搜索并关注公众号"外研社官方服务号"
外研社购书网址：https://fltrp.tmall.com

物料号：339870001

总序

当前，世界处于百年未有之大变局，经济全球化发展的巨变进一步推动全球治理体系的变革。职业教育作为一种与社会经济发展密切相关的活动，既能助力社会经济发展，也会受社会经济发展新态势的影响而不断转型变革。经济全球化使人才市场趋向国际化，世界性的人才供给市场正在形成，作为人才供给端的职业教育正在形成全球治理的新格局。世界职业教育发展进入一种"共生、共享"的新格局。职业教育对外交流合作的水平和程度成为一国职业教育能否高质量发展的重要标志，在坚持和扩大教育对外开放政策和"一带一路"倡议指引下，中国职业教育对外交流合作呈蓬勃发展之势。打造中国特色职业教育品牌，融入全球职业教育治理新格局，亟须加强职业教育国别研究。

2022年，教育部在天津举办首届世界职业技术教育发展大会，以"互学互鉴、共商共享"为理念，促进职业教育的国际交流与合作。大会作为促进职业教育国际交流与合作的新平台，作为推动我国同世界互学互鉴、交流分享职业教育发展的重大活动，其可持续性影响力的传播有赖于对大会成果进行持续的研究、转化和推广。因此，出版一套"现代职业教育发展国别研究丛书"非常必要，对于扩大大会的影响力，推动大会成果落实落地，增强中国职业教育的国际话语权，提升我国同世界职教的对话能力具有重要价值。

基于上述考虑，天津职业技术师范大学职业教育学院团队牵头，组织校内外相关人员组成的编写团队进行多次研讨论证，统一编写理念，凝聚编写思路，全力打造了本套"现代职业教育发展国别研究丛书"，旨在共享他国职业教育治理模式。本丛书主要围绕"一带一路"共建国家及其他相关国家和区域的职业教育发展历程及现状，策划了《英国职业教育研究》

《德国职业教育研究》《泰国职业教育研究》《瑞士职业教育研究》《葡萄牙职业教育研究》《印度职业教育研究》《柬埔寨职业教育研究》《巴基斯坦职业教育研究》《南非职业教育研究》《印度尼西亚职业教育研究》《埃塞俄比亚职业教育研究》《新加坡职业教育研究》《埃及、摩洛哥职业教育研究》《俄罗斯、塔吉克斯坦、哈萨克斯坦、乌兹别克斯坦职业教育研究》《西非四国（尼日利亚、科特迪瓦、加纳、马里）职业教育研究》15 本著作。各书主要围绕各国概况（包括该国的历史、政治、经济、社会、人口、产业、劳动力市场发展情况等）、教育体系、职业教育和培训体系、职业教育治理机制（包括职业教育立法体系、职业教育管理机构和机制、经费支持、职业教育政策发展、国家资格框架等）、职业教育教师培养及培训、职业教育机构教学模式与方法、职业教育国际交流与合作等方面的内容进行撰写。

本丛书的总体编写思路如下：一是突出各国职业教育发展的特色，对各国职业教育的研究求同存异，既找出其共性的普遍发展规律，也彰显出各国的独特性；二是挖掘各国职业教育背后的社会经济、文化传统、制度体系等因素，跳出职业教育来审视职业教育，克服就职业教育而谈职业教育的状况，将职业教育放在国家整体发展的格局中来审视，分析各国职业教育背后相关因素的作用；三是揭示各国职业教育发展的内在规律，分析各国职业教育发展情况的根本意义在于为全球贡献可供借鉴推广的一般性内在规律，促进全球职业教育的共进发展。

为高质量打造本丛书，我们组织了一支优秀的团队，以天津职业技术师范大学的青年教师为主，同时协同了校外和境外的专家学者，他们拥有深厚的职业教育研究功底，具有较为丰富的国际职业教育研修经历，很好地保障了丛书的撰写质量。丛书撰写的过程中，我们多次召开研讨会，在编写思路、写作规范和成文风格等方面互相碰撞，不断打磨，形成了统一的范式，也绽放了各自的个性，在规范化和个性化之间保持了张力。

本丛书的出版得到了外语教学与研究出版社的大力支持，外语教学与研究出版社面向国际，近年来特别关注职业教育领域的选题和项目，以积极开放的态度服务中国职业教育对外交流合作。在此，特别感谢外语教学与研究出版社的策划及编辑团队，相信本丛书在外语教学与研究出版社出版，必将更加大放异彩。

我们坚信，在中国职业教育对外合作交流的大格局中，"现代职业教育发展国别研究丛书"将成为理解世界各国职业教育发展现状的桥梁和彰显我国综合国力、文化软实力的载体，为构筑"人类命运共同体"贡献独特的力量。

"现代职业教育发展国别研究丛书"编写组

2022 年 7 月

前言

2018 年，习近平主席在中非合作论坛北京峰会上明确提出，未来 3 年和今后一段时间在非洲设立 10 个鲁班工坊，向非洲青年提供职业技能培训；支持设立旨在推动青年创新创业合作的中非创新合作中心等能力建设行动，中非职业教育合作由此迎来空前的发展机遇。2021 年，习近平主席在中非合作论坛第八届部长级会议开幕式上再次强调，中国将继续同非洲国家合作设立鲁班工坊，凝聚起中非 27 亿人民的磅礴力量，推动构建高水平中非命运共同体。2024 年，在以"携手推进现代化，共筑高水平中非命运共同体"为主题的中非合作论坛北京峰会上，习近平主席再次指出，中方愿同非方深入推进"未来非洲职业教育"计划，共建工程技术学院，建设 10 个鲁班工坊，在现代化征程上携手同行。

埃及和中国同为世界文明古国，两国友谊源远流长，2 000 多年前就有了友好交往。新中国成立后，埃及于 1956 年 5 月 30 日与中国正式建交，是第一个与新中国建交的阿拉伯国家和非洲国家。建交后，中埃两国友好合作关系不断发展。作为发展中国家，埃及目前正在努力改革职业教育与培训体系，以满足"埃及 2030 年愿景"对职业技能人才的需求。埃及工业高度集中，其产业发展对汽车运用与维修、新能源、数控等专业领域的应用技术人才需求量大，但其职业技能培训存在国际化程度不高、实操培训不足、培训师资短缺等问题。中国成熟的职业技能培训体系可以为埃及职业教育的发展提供很好的借鉴和参考。天津市响应国家号召，首创提出建设鲁班工坊，截至 2024 年初，已在非洲建成 10 余个鲁班工坊，其中包括在埃及建成非洲鲁班工坊标杆项目——埃及鲁班工坊。天津轻工职业技术学院、天津交通职业学院、埃及艾因·夏姆斯大学和埃及开罗高级维修技术学校共同承担了该任务。

摩洛哥是第二个同新中国建交的非洲国家。自 1958 年 11 月 1 日建交以来，两国关系始终健康稳定发展。特别是 2016 年中摩建立战略伙伴关系后，在"一带一路"倡议、中非合作论坛和中非经贸博览会会议精神引领下，两国签订了贸易协定、投资保护协定、避免双重征税协定、共建"一带一路"谅解备忘录等合作文件，在更广领域、更深层次取得了丰硕成果，两国经贸合作关系更加紧密，驶入快车道。为响应"一带一路"倡议，积极落实天津市委、市政府关于建设鲁班工坊的工作部署，自 2019 年 12 月开始，天津商务职业学院与摩洛哥阿伊阿萨尼 I 应用技术学院签署合作协议，共同建设摩洛哥鲁班工坊，合作建设跨境电子商务专业。

埃及、摩洛哥两国职业教育各具特点，呈现出积极发展态势，但也存在一些问题，面临一定的挑战。本书对两个国家的职业教育状况分别做了总体介绍，并对两国的国际合作分别进行了分析，旨在呈现两国职业教育的基本特征与发展潜力，为人们更好地了解两国的职业教育提供窗口。

徐宏伟

2024 年 8 月于天津职业技术师范大学

目录

埃及职业教育研究篇

第一章　　埃及概况 ……………………………………………………… 2
　　第一节　国家概况 ………………………………………………… 2
　　第二节　经济发展状况 …………………………………………… 4
　　第三节　就业和失业概况 ………………………………………… 16

第二章　　埃及教育体系 ………………………………………………… 26
　　第一节　埃及教育概况 …………………………………………… 26
　　第二节　埃及教育结构 …………………………………………… 27
　　第三节　埃及教育管理体系 ……………………………………… 33
　　第四节　埃及国家资格框架 ……………………………………… 35

第三章　　埃及职业教育发展现状 ……………………………………… 39
　　第一节　埃及职业教育现状 ……………………………………… 39
　　第二节　埃及职业教育的治理体系 ……………………………… 43
　　第三节　埃及职业教育的政策支持 ……………………………… 49

第四章　　埃及职业教育教师 …………………………………………… 53
　　第一节　埃及职业教育教师概况 ………………………………… 53
　　第二节　埃及职业教育教师教育体系 …………………………… 58

第五章　埃及与发达国家的职业教育合作 ················· 67
　　第一节　埃及与欧洲国家的职业教育合作················· 67
　　第二节　埃及与美国、日本的职业教育合作················· 69

第六章　埃及与中国合作建设鲁班工坊 ················· 71
　　第一节　建设背景与过程················· 71
　　第二节　建设模式与标准················· 72
　　第三节　建设内容及成效················· 76
　　第四节　主要特色与创新················· 84

第七章　埃及职业教育面临的挑战与发展建议 ················· 87
　　第一节　埃及职业教育面临的挑战················· 87
　　第二节　埃及职业教育发展建议················· 93

摩洛哥职业教育研究篇

第八章　摩洛哥概况 ················· 100
　　第一节　国家概况················· 100
　　第二节　经济发展状况················· 102
　　第三节　劳动力市场和就业················· 105

第九章　摩洛哥教育体系 ················· 110
　　第一节　摩洛哥教育概况················· 110
　　第二节　摩洛哥教育结构················· 113

第十章　摩洛哥职业教育的治理体系 ················· 115
　　第一节　职业教育治理总体特点················· 115

第二节　职业教育的培训治理体系……………………………119

第三节　职业教育治理的师资支撑……………………………122

第四节　职业教育治理的政策支持……………………………123

第十一章　摩洛哥职业教育的国际合作…………………………126

第一节　摩洛哥与欧洲国家或国际组织的职业教育合作……126

第二节　摩洛哥、韩国与喀麦隆等四国的职业教育合作……130

第三节　摩洛哥与中国的职业教育合作………………………132

第十二章　摩洛哥职业教育面临的挑战与发展建议……………134

第一节　摩洛哥职业教育面临的挑战…………………………134

第二节　摩洛哥职业教育发展建议……………………………138

参考文献………………………………………………………142

埃及职业教育研究篇

第一章
埃及概况

第一节　国家概况

一、自然环境

（一）地理位置

埃及地跨亚、非两洲，隔地中海与欧洲相望。埃及大部分国土位于非洲东北部，只有苏伊士运河以东的西奈半岛位于亚洲西南部。国土面积约100.1万平方公里，排名世界第 30 位，94％的国土为沙漠。东临红海并与巴勒斯坦、以色列接壤，西与利比亚为邻，南与苏丹交界，北临地中海。海岸线长约 2 900 公里。

按自然地理，埃及可分为四个部分：尼罗河谷和三角洲地区地表平坦，开罗以南称上埃及，以北为下埃及；西部的利比亚沙漠是撒哈拉沙漠的东北部分，为自南向北倾斜的高原；东部的阿拉伯沙漠西至尼罗河河谷，东到红海滨，黄金、煤炭和油气资源丰富；西奈半岛大部分为沙漠，南部山地有埃及最高峰圣卡特琳山，海拔 2 629 米，地中海沿岸多沙丘。

（二）自然资源

1. 水资源

埃及 97% 的水源来自尼罗河，人均年用水量不足 600 立方米，低于联合国确定的人均年用水标准（1 000 立方米），属于全球最缺水的国家之一。为弥补供水不足，埃及加大对农业用水的再利用，并加大对尼罗河谷地及三角洲地区地下水的利用。灌溉用水占埃及用水量的 90%。

2. 矿产资源

埃及的矿产资源丰富且多样，主要集中在石油、天然气、磷酸盐和铁等领域。截至 2024 年，石油已探明储量为 48 亿桶；天然气已探明储量为 3.2 万亿立方米；磷酸盐、铁也都是埃及的主要矿产资源。此外，埃及在西部沙漠地区有大量投资机会，特别是在石油和天然气领域，项目价值超过 10 亿美元。在 2024—2025 财政年度（2024 年 7 月 1 日到 2025 年 6 月 30 日），埃及计划钻探 110 口天然气和石油勘探井，总投资额为 12 亿美元。另外，阿布马尔瓦特金矿是埃及与加拿大合作的一个新项目，显示出埃及在贵金属开采方面的潜力。

（三）气候条件

埃及全境干旱少雨，尼罗河三角洲和北部沿海地区属亚热带地中海气候，平均气温 1 月 12℃、7 月 26℃。其余大部分地区属热带沙漠气候，炎热干燥，沙漠地区气温最高可达 40℃。

二、人口和行政区划

据我国《对外投资合作国别（地区）指南：埃及（2023 年版）》数据，2023 年，埃及总人口突破 1.05 亿。根据联合国的预测，埃及人口预计到 2030 年将达到 1.28 亿。埃及的人口占世界总人口的 1.20%，即每 84 个人中就有一个是埃及人。埃及的主要城市包括首都开罗、亚历山大等,其中大开罗区域(包括开罗省、吉萨省和盖勒尤比省三省)人口已超过 2 580 万,占到埃及总人口的五分之一以上。

埃及有 27 个省,划分为 8 个经济区。其中,开罗、亚历山大、苏伊士等是城市省,没有农村人口,其余省则分为城镇和农村地区。8 个经济区的每个经济区则包括一个或几个省,官方语言为阿拉伯语。

第二节　经济发展状况

一、宏观经济

埃及的经济属于开放型市场经济,拥有相对完整的农业、工业和服务业体系。埃及是传统农业国,农村人口占全国总人口的 55%,农业占国内生产总值(Gross Domestic Product,GDP)的 18%。工业以纺织、食品加工等轻工业为主。服务业约占国内生产总值的 46%。石油天然气、旅游、侨汇和苏伊士运河是埃及四大外汇收入来源。

经济规模方面,埃及的国内生产总值总体呈上行趋势。2001 年之前,埃及国民经济总体保持稳中向好的态势,但 2001 年后开始经历经济衰退,在 2005 年才又进入高速增长阶段。至 2011 年初,动荡的局势对埃及国民经济造成了严重冲击,埃及政府采取措施恢复生产,增收节支,吸引外资,改善民生,多方找寻国际支持与援助,寻求渡过经济困难,但收效有限。2013 年 7 月临时政府上台时,埃及经济面临较大困难,但在海湾阿拉伯国家的大量财政支持下,经济情况较之前开始好转。

2013 年,埃及计划部公布了《埃及 2022》远景发展规划,明确提出,2022 年要在埃及建立基于社会公平、多元化及对外开放的强大而有秩序的经济体,并从加大基础设施建设力度、大力吸引外部投资、加大人力资源发展投入三个方面提出了远景规划。在基础设施建设上,推出多个国家层面的工程建设,包括新苏伊士运河项目、在沙漠里建设新首都和全国铁路网络建设等。另外，政府将加大对人力资源开发的投入，升级基础教育和高等教育系统，提高劳动力素质和机构服务能力。

埃及政府为促进经济发展，于 2016 年 2 月发布了《可持续发展战略：埃及 2030 年愿景》，确定了未来经济发展政策的三大核心：一是保持国家宏观经济稳定，减少财政赤字；二是改善投资环境，大力吸引外资；三是在各领域实施类似新苏伊士运河项目的大型国家项目。在一系列的改革下，埃及基础设施建设水平迅速提高，经济结构性改革初显成效。国际货币基金组织、世界银行、欧盟以及阿拉伯地区各国对埃及经济改革给予积极评价，中国、韩国、俄罗斯、日本等国鼎力支持埃及的发展。

2019—2020 财年埃及 GDP 总量为 3 631 亿美元，同比增长 3.6%，比上年增长了 599 亿美元；人均 GDP 为 3 613 美元，与 2015—2016 财年人均 GDP 3 696 美元基本持平，高于其间其他三个财年；贸易赤字占 GDP 比重为 10%，为 2015—2020 年五个财年最低。

2016—2020 年埃及主要经济指标见表 1.1。

表 1.1 2016—2020 年埃及主要经济指标

主要指标	2016 年	2017 年	2018 年	2019 年	2020 年
GDP / 亿美元	3 363	2 343	2 508	3 032	3 631
GDP实际增长率 / %	4.43	4.32	5.34	5.36	3.6
通货膨胀率 / %	10.2	23.3	21.6	13.9	4.5
人均 GDP / 美元	3 696	1 951	2 587	3 065	3 613
贸易赤字占 GDP比重 / %	11.2	15.9	14.9	12.5	10.0
失业率 / %	12.7	12.0	8.9	7.5	9.6
外汇储备 / 亿美元	175.5	313.1	442.6	444.8	382.0
外国直接投资 / 亿美元	69.3	79.3	77.2	82.4	74

主要指标	2016 年	2017 年	2018 年	2019 年	2020 年
旅游收入 / 亿美元	37.7	43.8	98.0	125.7	98.6
苏伊士运河收入 / 亿美元	51.2	49.5	57.1	57.3	58
外债 / 亿美元	558	790	926	1 087	1 235

注：表中数据均为截至各财年 6 月底的数据。

资料来源：埃及中央银行公报、埃及财政部报告。

（一）经济增长率

根据世界银行提供的数据，2021 年埃及的 GDP 总量为 4 041.43 亿美元，同比增长 3.33%；农业增加值为 478.16 亿美元，工业增加值为 1 244.41 亿美元，制造业增加值为 626.38 亿美元；人均 GDP 为 3 876.36 美元，同比增长 1.42%。2022 年，埃及的 GDP 增长率为 6.1%，位列中东和北非地区第三。但到了 2023 年，埃及的 GDP 增长率放缓至 3.8%，人均 GDP 降至 3 512.6 美元。预测显示，2024 年埃及的 GDP 增长率将约为 2.8%。

这些数据表明，尽管面临新冠肺炎感染疫情等挑战，埃及在 2022 年实现了较高的经济增长率，并在中东和北非地区中排名靠前。然而，随着全球经济环境的变化和内部经济调整，埃及的经济增长速度放缓，未来几年需要继续努力以实现可持续发展。

（二）投资、消费、出口占 GDP 比例

2019—2020 年，埃及投资、消费和净出口占 GDP 的比例分别为 13.8%、93.8% 和 -7.6%，见表 1.2。2021 年以来，埃及投资和消费比例总体保持相对稳定，而出口比例仍然相对偏低。

表 1.2 2016—2020 年埃及投资、消费、净出口占 GDP 比重

单位：%

GDP 占比项	2016 年	2017 年	2018 年	2019 年	2020 年
投资占比	15.0	15.3	16.7	18.2	13.8
消费占比	94.5	98.2	93.8	90.0	93.8
净出口占比	−9.6	−13.5	−10.5	−8.2	−7.6

资料来源：世界银行。

（三）预算及赤字

2019—2020 财年，埃及政府总支出为 17 132 亿埃镑，总收入为 9 754 亿埃镑，净金融资产收益为 77 亿埃镑，赤字 4 321 亿埃镑，赤字率为 6.3%。2019—2020 财年预算赤字率为 7.2%。为应对新冠肺炎感染疫情临时增加的政府支出未对达成年度预算目标产生不利影响。

自 2019—2020 财年起，埃及的预算赤字从 12% 逐年下降，2020—2021 财年财政预算赤字率为 7.8%，2021—2022 财年降至 6.1%。尽管如此，埃及仍面临较高的公共债务。

总体来看，埃及近年来通过一系列经济改革措施逐步缩小了预算赤字，并且实现了部分财政目标。然而，由于全球环境变化和国内需求增加等因素，预算赤字仍然较高，需要持续努力以实现更健康的财政状况。

（四）债务规模

外债方面，截至 2020 年底，埃及外债达 1 292 亿美元，占 GDP 比重超过 30%。内债方面，截至 2019 年底，埃及国内公共债务总额为 43 568 亿埃镑，占 GDP 的 74.9%。其中，政府债务为 38 267 亿埃镑，占 65.8%，其次是公共经济部门（4.4%）和国家投资银行（4.7%）。从合同期限看，短期外债为 120 亿美元，占外债总额的 9.3%；中长期外债为 1 172 亿美元，占 90.7%。

从债务人看，政府债务为 772 亿美元，占外债余额的 60.0%；中央银行负债为 260 亿美元；银行业债务额为 122 亿美元；其他债务约为 138 亿美元。

从债权人看，国际机构持有 466 亿美元，阿拉伯国家持有 239 亿美元，巴黎俱乐部五国持有 103 亿美元。

2021 年，埃及经济保持了强劲的表现，尽管受到新冠肺炎感染疫情的影响，但连续第二年实现了经济正增长，增长率为 3.3%。在这一年，埃及的外债规模为 1 379 亿美元，占 GDP 的 32.3%。2022 年，埃及的外债规模增加至 1 557 亿美元，占 2021—2022 财年 GDP 的 37.2%。根据埃及计划部和中央银行的数据，截至 2023 年 12 月底，埃及的外债规模为 1 680 亿美元。

二、产业发展

（一）产业结构

埃及从第二产业转移到第三产业的经济发展趋势与发达国家的经济发展历程类似，并且其三次产业的 GDP 占比与西方国家更为接近。2020 年，埃及第一、第二、第三产业增加值占 GDP 比重分别为 11.5%、31.8% 和 51.7%，服务业占经济主体地位，见表 1.3。

表 1.3　2016—2020 年埃及三次产业增加值占 GDP 比重

单位：%

产业	2016 年	2017 年	2018 年	2019 年	2020 年
农业增加值占 GDP 比重	11.8	11.5	11.2	11.0	11.5
工业增加值占 GDP 比重	32.5	33.8	35.0	35.6	31.8
服务业增加值占 GDP 比重	54.5	53.2	51.5	50.5	51.7

资料来源：世界银行。

自 2021 年以来，埃及的产业结构经历了显著变化，主要体现在以下几个方面。

（1）2021 年，埃及的制造业在 GDP 中占比为 15.3%，位居第一。制造业在2020—2021财年增长了约14.9%，凸显其作为该国贡献最大的产业的重要地位。此外，埃及政府计划到2023—2024财年将制造业对GDP的贡献提高到15%。

（2）批发和零售贸易业在2021年的经济结构中占13.1%，其在2021—2022财年前九个月实现了7.8%的高速增长。

（3）农业、林业和渔业在2021年的经济结构中占10.8%。农业部门在2020年9月至2021年6月期间出口总量增加了5.7%。同时，埃及的水产养殖业在过去七年里迅速发展，水产养殖生产排名位居全球第六，罗非鱼生产排名位居全球第三。

（4）房地产活动在2021年的经济结构中占10.4%。尽管受新冠肺炎感染疫情影响，但埃及的非石油出口在2022年上半年增长至193.53亿美元，较2021年同期增长了20%。

（5）采矿业在2021年的经济结构中占8.8%。埃及在能源领域也取得了显著进展，特别是在清洁能源和石油资源开发方面。

（6）社会服务业在2021年的经济结构中占6%。埃及政府致力于增加对社会保障支出的投入，以改善民生。

总体来看，埃及自2021年以来通过一系列结构性改革和政策调整，推动了多个行业的增长和发展，尤其是在制造业、批发和零售贸易业、农业等领域表现突出。这些变化不仅促进了埃及的经济增长，也为埃及未来的可持续发展奠定了基础。

（二）重点、特色产业

1. 油气工业

埃及是非洲地区重要的石油和天然气生产国，油气工业是埃及经济的主要支柱之一。

埃及油气管理体系是在埃及石油和矿产部统一领导下，由埃及国家石油公司、埃及国家天然气公司、埃及南部石油公司、埃及炼化公司等企业组成。2016—2019年，外国公司在埃及石油和天然气领域的投资达350亿美元。

目前，已有 20 余家中资企业参与埃及石化行业开发，涵盖石油石化全产业链，涉及勘探开发、石油工程服务、装备制造、物资贸易和炼化工程等环节。

2020 年以来，埃及油气工业取得了进一步发展，石油和天然气产量呈现增长趋势。2021 年，埃及的原油日产量为 46.1 万桶，天然气产量从 2020 年的约 61.77 亿立方米增加至 2021 年的 703.08 亿立方米。埃及在西部沙漠、苏伊士湾、地中海、西奈半岛和东部沙漠发现了 39 个原油田和 13 个天然气田。这些发现预计将提高埃及的石油和天然气产量，并为相关公司创造商机。埃及也在积极寻求可持续发展和低碳转型的路径，在国际上寻求包括中国在内的合作伙伴。在清洁燃煤发电、太阳能发电、风能发电以及电网基础设施建设运营等方面进行合作。2022 年，埃及的液化天然气出口量位居阿拉伯国家之首，出口量约为 8.9 亿立方米，近两年还在持续增加。

2. 纺织工业

埃及有非洲最大的棉花和纺织工业集群，从棉花种植到纺纱、织布，直至成衣制造均可在国内完成，产业链较为完整。但相对而言，埃及在成衣制造方面有较强的能力，而织布和印染环节较弱，需大量进口。

埃及纺织产业产值占 GDP 比重约 3%。目前约有 7 000 多家纺织企业，其中 90% 为中小企业，吸纳约 150 万人就业，约占全国工业就业人口的三分之一。近年来，纺织品（含成衣制造）出口额约占出口总额的 10.6%，主要出口市场为欧盟、美国、土耳其。埃及的私人纺织工业非常活跃，埃及东方纺织公司是世界上最大的机织地毯企业，其产量占埃及市场的 85%，占美国地毯市场的 25%，占欧洲市场的 20%。

近年来，中国纺织企业对埃及市场的关注度和兴趣不断提升，一些龙头企业通过合资设厂的方式试水埃及市场，并计划扩大投资规模。

3. 汽车业

埃及本地无自主汽车生产线，车辆供给基本依赖进口和本地组装。法国（标致、雷诺）、意大利（菲亚特）、德国（奔驰、宝马）、日本（丰田、本田、三菱）、韩国（大宇、现代、起亚）等国产品市场占有率高。近年来，埃及汽车组装业发展迅速。本地组装生产商中，雪佛兰、起亚、现代等品牌市场占有率较高。

（1）市场概况：在乘用车市场，2019年埃及对欧盟汽车进口免关税开放后，欧洲品牌汽车销量为34 272辆，同比增长4.3%；日、韩、美品牌销量分别为37 073、27 185、13 557辆，降幅分别为11.3%、32.1%、18.2%；中国产品由于性价比较高，销量达到15 356辆，同比增长约5.1%。在商用车市场，2019年埃及经济回暖，商用车销量同比增长15.2%。

（2）汽车行业发展战略：埃及政府制定了汽车行业三步发展战略，即先引进国外先进生产线试点组装，再带动汽配行业快速发展，然后逐步进入自主设计和生产阶段。

（3）汽车贸易：2019年前，埃及整车关税降至40%以下。自2019年起，根据欧盟与埃及双边减免关税的规定，埃及自欧盟进口汽车关税降至0，欧洲品牌开始从全散件组装（Completely Knocked Down，CKD）向完全组装（Complete Built Unit，CBU）模式转变，其他地区品牌则积极谋求提升全散件组装本地化水平。

（4）中国汽车品牌：十余家中资汽车品牌在埃及市场有销售业务，奇瑞、吉利、比亚迪、金龙、福田品牌设有全散件组装工厂，其他品牌均为整车进口。

自2020年以来，埃及的汽车工业经历了显著的发展和变化。尽管面临新冠肺炎感染疫情的挑战，但该国的汽车市场表现出了强劲的增长势头。在2020年上半年，埃及汽车销量仍实现了27%的同比增长，成为全球增速最高的汽车市场之一。这一增长主要得益于埃及政府采取的一系列刺激措施和对外国投资的吸引。例如，埃及政府计划将汽车产量增加到每年50万辆，并且其中一半用于出口，以期将埃及发展成为西亚、北非地区的汽车组装、出口与服务中心。此外，埃及政府还推出了多项政策支持本土汽车制造业的发展。例如，对整车实行高关税、零部件实行低关税，鼓励国外汽车厂在埃及开展全散件组装业务，并提供成本低廉的劳动力。这些政策有效地促进了当地零配件制造业的发展，目前已有238家零配件制造厂家，工人人数达到7万人，年产值达4.55亿美元。在电动汽车领域，埃及也积极布局。2021 年，埃及宣布了几项与电动汽车制造相关的合作伙伴关系，包括中资福特汽车公司与埃及国防部签订协议，在埃及生产电动巴士；吉利汽车公司与埃及国防部签署谅解备忘录，在埃及生产电动轻型卡车等。此外，埃及还成立了首家电动汽车经销商，由国有企业埃尔纳斯汽车和国家汽车公司运营。然而，尽管有这些积极的发展，埃及本地仍无自主汽车工业，车辆基本以整车进口或零件进口、本地组装为主。为了进一步推动本地化生产，埃及政府制定了"三步走"发展战略，即"引进国外先进生产线组装—带动汽配行业快速发展—逐步实现自主设计和生产"，并为此出台了下调汽车零部件进口关税、限制整车进口和使用国产零部件等产业政策和鼓励措施。总体来看，埃及的汽车工业在 2020 年以来取得了显著进展，特别是在市场销售、零配件制造和电动汽车领域。然而，要实现从依赖进口向自主生产转变的目标，还需要更多的努力和时间。

4. 电力

埃及电力项目的施工建设能力在非洲、阿拉伯地区竞争力很强，当地企业可制造从 380V 低压到 500kV 高压输变电设备，且大多数当地企业已与国际领先企业建立了深度合作关系。来自欧洲、韩国、中国和印度等国家和地区的设备制造企业也积极参与到埃及电力市场，其中的中国企业包括西电、特变电工、平高电气、新东北、山东电力、泰开、思源电气和正泰电气等。

5. 通信

根据埃及通信和信息技术部的数据，2018—2019 财年，埃及主要移动通信运营商（用户规模）为：Vodafone（4 002 万人）、Orange（3 060 万人）、Etisalat（2 300 万人）、TE 埃及电信（512 万人）。在终端领域，中国对埃及手机、平板电脑等产品的出口额保持高速增长，2019 年手机出口总额超过 2 亿美元。2019 年 12 月，华为终端约占埃及市场 15%，销量排名第三位，其中平板电脑市场占有率超过 40%。Oppo、Infinix（传音）、小米手机市场份额分别为 23%、9% 和 8%。

自 2020 年以来，埃及通信业在多个财年内都实现了显著的增长，并且在未来几年内将继续保持强劲的发展势头。2020—2021 财年，信息和通信产业的增加值增长了 16.3%，其中通信行业增加值为 1 783 亿埃镑。埃及电信公司在 2020 年的经营净利润达到 49 亿埃镑（约合 3.13 亿美元），同比增长 10%；合并收入达 319 亿埃镑（约合 20.4 亿美元），年增长率为 24%。2021—2022 财年，信息通信行业继续增长，吸引了翻倍的外国投资，成为埃及商业市场中增长最快的行业之一。同时，埃及政府在数字化转型方面投入巨大，例如在最新财年预算中拨付了 100 亿埃镑用于信息和数字化领域，比上一财年增长了 300%。预计到 2028 年，埃及的信息通信行业将以 15.8% 的复合年增长率增长。

6. 农业

埃及是传统农业国，2019—2020 财年农业产值同比增长 13.9%，占 GDP 比重 12.12%，可耕种土地面积占国土总面积的 3.5%，农业从业人口约占全国就业人口的 31%。由于可耕种面积严重不足，埃及是世界最大的粮食进口国之一，2019 年，小麦进口额为 20 亿美元，玉米进口额为 11 亿美元。

埃及经济作物种植业比较发达，水果蔬菜是其出口创汇的重要来源之一。2019—2020 财年，出口新鲜及冷冻蔬菜 5.65 亿美元，新鲜水果及干果 5.15 亿美元，土豆 3.65 亿美元。

棉花是埃及最重要的经济作物，主要为超长绒棉、长绒棉和少量中短绒棉三类。其中，超长绒棉占棉花产量的 20%，主要种植于北部地区。长绒棉是埃及棉的主要代表，占其棉花产量的 70%，主要产区在尼罗河三角洲。中短绒棉主要产于南部的上埃及地区。2019—2020 财年，埃及原棉出口价值为 9 180 万美元，主要销往印度、巴基斯坦、中国、孟加拉国、美国等国，出口品种以长绒棉和超长绒棉为主。

2020 年以来，尽管新冠肺炎感染疫情给埃及农业带来了短期冲击，但政府的积极政策和战略规划使得农业产值呈现稳步增长的趋势。埃及政府实施了一系列政策来支持农业部门，包括土地改革、提高农业生产力的计划，以及通过电子平台促进农产品的销售。埃及加强了与中国等国家的农业合作，这不仅有助于引入先进的农业技术和管理经验，还有助于促进农产品的国际贸易。埃及通过智能节水灌溉系统和温室栽培技术等数字技术和创新解决方案，提高了农业生产效率。埃及政府还通过参加国际贸易展会和搭建电子营销平台，帮助本国农产品进入更广阔的市场，增加了农业出口。根据联合国粮农组织的数据，埃及小麦产量在近年来有所增加，这反映了政府政策和技术应用对提高农业产出的积极影响。埃及的 2030 年可持续发展战略强调了农业的自给自足和可持续利用水土资源，这也有助于埃及长期稳定农业产值。

7. 钢铁业

埃及是非洲第一大钢铁生产和消费国，2018 年钢铁产量排名全球第 21 位。钢铁业为埃及支柱产业，产品广泛应用于建筑、造船、工业制造等领域。目前，埃及钢铁产量整体过剩，但因生产技术相对落后，生产成本偏高，高等级钢材和特钢仍需大量进口。私营钢铁企业经营效益尚可，国有企业多亏损。2019—2020 财年，埃及铸铁出口为 2.03 亿美元。

2020 年以来，埃及钢铁业展现出了一定的韧性。据国际评级机构惠誉的报告，埃及 2022 年的钢铁产量达到了 980 万吨。2023 年 1—7 月份，埃及共生产 560 万吨粗钢，同比增长 2%。这一产量的增长表明埃及钢铁业在近年来持续保持稳定的产能。此外，惠誉报告还预测，在未来十年内，埃及的钢铁产量将以年均 1.5% 的速度增长，预计到 2040 年矿业出口额将提升至每年 100 亿美元。

8. 服务业

旅游业和航运业是埃及服务业的支柱产业。

（1）旅游业。据国际旅行与旅游协会报告，旅游业在埃及经济中的比例高达 13%，直接或间接提供了全国 12% 的就业岗位。2018 年、2019 年埃及旅游收入分别达 114 亿美元和 130 亿美元，接待游客超过 1 000 万人次。但新冠肺炎感染疫情对其旅游业打击沉重，2020 年旅游收入暴跌 69%，总收入仅有 40 亿美元。

随着中埃两国关系的升温，以及落地签证政策的实施，赴埃及的中国游客逐年增多，2018 年达到 23 万人次，创历史新高，在埃及前十大旅游客源国中升至第 5 位；2019 年游客数约有 20 万人次。

受新冠肺炎感染疫情的影响，埃及旅游业遭受了巨大的打击。2020 年外国游客数量大幅减少，从 2019 年的 1 310 万人下降到 350 万人。2021 年，埃及政府采取了一系列措施来支持旅游业的复苏，包括降息、提供财政刺激计划等。在这一财年中，国际游客数量有所回升，但总体仍低于疫情前水平。2022 年，埃及旅游业开始显著复苏，收入达到创纪录的 136 亿美元，同比增长 26.8%，这一年埃及接待了大量国际游客，尤其是来自俄罗斯、德国和沙特阿拉伯的游客。2023 年，埃及旅游业继续强劲增长，上半年旅游收入达 66 亿美元，超过 2022 年同期的 63 亿美元，全年入境游客达到 1 490 万人次，创下历史新高。截至 2024 年第 1 季度，埃及旅游业实现了正增长，增幅在 3%—4%。

（2）苏伊士运河航运。苏伊士运河是世界上最繁忙的航线之一，运河通航量约占全球航运的 10%，集装箱运输量占全球的 25%。

2021—2022 财年，苏伊士运河收入为 70 亿美元。2022—2023 财年，苏伊士运河收入增至 94 亿美元，同比增长 34.3%

除了旅游业和航运业外，作为埃及服务业重要组成的货运和物流，其市场规模至 2024 年底预计将达到 145.6 亿美元，并将在未来几年内保持稳定增长。

9. 数字经济

（1）信息通信技术产业实现了快速增长。2019—2020 财年，该产业总产值为 69.5 亿美元，GDP 贡献率达到 4.4%，同比增长 15.5%；出口额约为 41 亿美元，同比增长 13.8%。该领域总投资达 30.8 亿美元，增长率为 35.8%。

（2）电子商务产业增势迅猛。2019 年，埃及在线交易的商品和服务总额约为 98.3 亿美元，年均增长率接近 35%。联合国贸易与发展会议发布的《2020 年企业对消费者电子商务指数》报告显示，埃及在阿拉伯国家中排名第 13 位，在全球排名第 109 位。

（3）电子支付比例有待提升。埃及拥有中东、北非最大的在线消费市场，货到付款是在线购物的主要方式，电子支付比例较低，在线交易中

60％采用现金交易，25％使用信用卡，8％使用银行转账，7％使用电子钱包或其他支付方式。埃及是世界上第二大依赖纸币的国家，无银行账户的公民比例居世界前三位。

2020年以来，埃及数字经济的发展取得了显著进展。在2020—2021财年，埃及政府拨款127亿埃镑用于推动数字化转型，并启动了"数字埃及"计划。该计划旨在通过整合政府机构并提供服务来实现数字化社会，从而提高服务交付的速度和效率，并提高满意度。此外，埃及电信公司宣布在开罗西部建设埃及最大的国际数据中心，进一步支持数字经济的发展。在数字服务出口方面，埃及2022—2023财年的数字服务出口达到55亿美元，较上一财年增12.2％。这表明埃及在电子商务、数字支付、电子政务等领域的数字经济稳步发展，增长潜力巨大。此外，华为公有云开罗节点的建立也大大提升了埃及数字经济的速度和发展水平，这是北部非洲国家首个公有云节点。这一举措契合了埃及国家战略目标，即发展云计算以促进数字经济。在法律和制度方面，埃及近年来制定了多项法规，包括网络犯罪、知识产权、消费者数据保护、电子签名和公证服务等法律。这些法规为数字经济的健康发展提供了坚实的法律基础。

总体而言，从2020年至2024年，埃及通过政策支持、基础设施建设、法律制定和国际合作等多种手段，积极推动数字经济的发展。这些努力不仅提高了埃及的数字竞争力，也为埃及未来的可持续发展奠定了坚实的基础。

第三节　就业和失业概况

一、就业概况

（一）劳动力参与率

2017年埃及各经济部门就业份额的数据显示，服务业（占48％）

处于主导地位，其次是农业（占 25％）、工业（占 14％）和建筑业（占 13％），如图 1.1 所示。

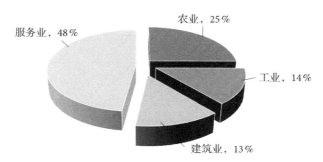

图 1.1 2017 年埃及各经济部门就业份额

经过 2018—2019 年的一段时期增长后，埃及的 GDP 于 2020 年下降了 3.6％。即使在 2019 年经济增长的背景下，其劳动力市场也没有充分发挥潜力。事实上，2018 年之前，埃及劳动力参与率一直在下降。2013—2017 年，埃及劳动力的整体规模以每年约 1.8％ 的速度稳步增长，但只有不到一半的劳动年龄（15 岁以上）人口进入劳动力市场，从而导致 2017 年的劳动力参与率低至 45％，低于 2015 年的 47％ 和 2013 年的 48％，如图 1.2 所示。至关重要的是，2017 年埃及女性在劳动力市场的参与率为 22％，不到男性参与率（67％）的三分之一。2019 年，埃及的劳动力参与率下降至 42％，低于 2018 年的 43％、2015 年的 47％。这一趋势似乎主要是由于男性参与率下降所致，从 2013 年的 73％ 降至 2019 年的 68％。女性参与率则从 2013 年的 23％ 下降到 2019 年的 16％。2013—2019 年劳动力参与率如图 1.2 所示。

（二）就业率

埃及近年的就业率也呈下降趋势，从 2010 年的 45.0％ 下降到 2018 年的 39.1％ 和 2019 年的 38.9％，主要是由于同期男性就业率从 71.3％ 下降到 63.1％。女性就业率比男性就业率低得多，2018 年只有 14.4％ 的工作年龄女性就业，2019 年下降为 12.3％。

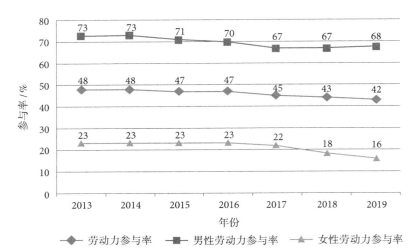

图 1.2 2013—2019 年劳动力参与率

2015—2017 年，埃及经济各行业共创造了 120 万个新工作岗位，其中服务业在新工作岗位中所占份额最高，占比 34.9%；其次是建筑业，占比 28.7%；然后是工业，占比 27.6%；最后是农业，占比 8.8%，如图 1.3 所示。农业新增就业占比较低，究其原因，是受到女性在农业部门就业比例降低的影响。如表 1.4 所示，女性农业就业比例从 2015 年的 40.3% 下降到 2017 年的 36.9%，大部分转向了服务业就业领域。

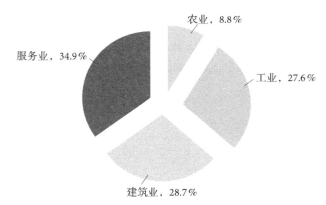

图 1.3 2015—2017 年按经济行业划分的新增就业占比

表 1.4 　按广义经济部门划分的就业（15 岁以上）人数及就业率

经济部门	2015 年就业人数及就业率		2017 年就业人数及就业率		2017 年相比 2015 年就业增长人数 / 人
	就业人数 / 人	就业率 /%	就业人数 / 人	就业率 /%	
全部人口					
农业	6 402 600	25.8	6 510 200	25.0	107 600
工业	3 343 700	13.5	3 682 800	14.2	339 100
建造业	3 004 800	12.1	3 357 700	12.9	352 900
服务业	12 027 800	48.6	12 455 700	47.9	427 900
总计	24 778 900	100	26 006 400	100	1 227 500
男性					
农业	4 353 500	22.1	4 524 900	21.9	171 400
工业	3 014 300	15.3	3 273 500	15.9	259 200
建筑业	2 984 800	15.2	3 334 200	16.2	349 400
服务业	9 341 200	47.4	9 487 500	46.0	146 300
总计	19 693 800	100	20 620 100	100	926 300
女性					
农业	2 049 100	40.3	1 985 300	36.9	−63 800
工业	329 400	6.5	409 300	7.6	79 900
建筑业	20 000	0.4	23 500	0.4	3 500
服务业	2 686 700	52.8	2 968 200	55.1	281 500
总计	5 085 200	100	5 386 300	100	301 100

资料来源：埃及中央公共动员与统计局。

（三）2018 年以来埃及总体就业变化

2018 年以来至今，埃及的总体就业状况经历了显著的变化和波动。

1．就业人数变化

在就业人数方面，2023 年第四季度的数据显示，埃及的就业人数为 2 894.2 万人，到 2024 年第一季度增加至 2 929.3 万人。这表明在这段时间内，埃及的劳动力市场有所扩展。

2．行业分布

关于行业分布，2018 年工业部门的就业比例为 26.9%，服务行业的就业比例为 51.5%。这些数据表明，尽管不同行业对劳动力的需求有所不同，但服务业仍然是主要的就业领域。

3．经济增长与就业关系

埃及的经济增长对就业市场产生了积极影响。例如，GDP 增长率从 2011—2012 财年的 2.2% 上升到 2018—2019 财年的 5.6%，并预计在 2024—2025 财年达到 4%。这种经济持续增长带动了就业机会的增加。

4．政策与挑战

尽管取得了一些进展，但埃及仍面临诸多挑战。例如，非正规就业人数增加、劳动参与率下降和高通胀率等问题依然存在。政府采取了一系列措施来应对这些问题，包括实施社会保障计划和财政紧缩政策。

总体而言，从 2018 年至今，埃及的就业状况在经历了一系列挑战后显示出改善的迹象。就业人数增加，经济稳步增长。然而，非正规就业和高通胀等结构性问题仍需持续关注和解决。

二、失业概况

自 2011 年以来，埃及失业率一直持续增长，其中 2010 年为 9.0%，2011 年为 12.0%，2012 年为 12.7%，在 2013 年达到了 13.2% 的峰值（见图 1.4），失业人口达到 360 万。虽然埃及经济的稳健增长有可能创造更多的就业机会，但迄今为止，埃及人口的持续增长速度超过了就业岗位增加的速度。长期以来，埃及失业率一直保持在 10.0％ 左右的高位，2018 年和 2019 年分别为 9.8％ 和 7.8％。自 2018 年以来，埃及经济改革取得明显成效，失业率持续下降。但受新冠肺炎感染疫情冲击，2020 年埃及政府采取了包括关闭学校和商店、暂停空中交通等预防措施，失业率有所回升，年中达到 9.6％，但是在 2020 年底降至 7.2％。

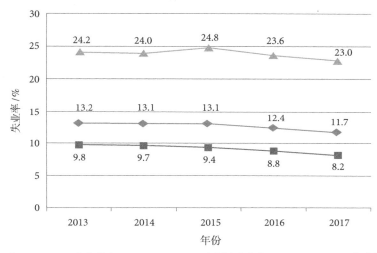

图 1.4 2013—2017 年埃及 15 岁以上人口失业率

"受过教育者失业率高"现象是埃及劳动力市场的典型特征，目前仍然存在。以 2017 年为例，受教育程度低的文盲和只具备读写能力的人的失业率非常低，分别为 3.4％ 和 2.4％；而受教育程度较高的工人的失业率要高得多，例如大学本科及以上工人的失业率为 34.0％，受过中等教育工人的失业率为 48.2％，如图 1.5 所示。受过中高等教育的人失业率高，有力地表明教育和培训提供的技能与劳动力市场所需的技能不匹配。

根据国际劳工组织的数据，2017 年埃及的青年失业率为 29.6％。这一数据较 2013 年的 34.1％ 和 2015 年的 31.6％ 有所下降，显示出青年失业率在这段时间内有所改善。在埃及，青年男女的失业率存在显著差异。2017 年，男性青年的失业率为 25.7％，而女性青年的失业率为 38.3％。这表明女性青年在就业市场上面临的挑战更大。2017 年埃及青年失业率如图 1.6 所示。

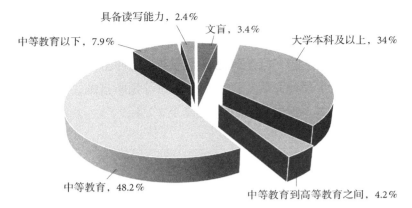

具备读写能力，2.4%

文盲，3.4%

中等教育以下，7.9%

大学本科及以上，34%

中等教育，48.2%

中等教育到高等教育之间，4.2%

图1.5　2017年按教育程度划分的失业率

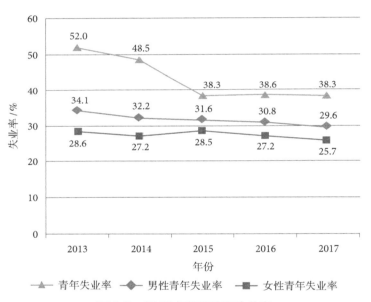

图1.6　2017年埃及青年失业率

　　自2018年以来，埃及的失业状况经历了显著变化和波动，2018财年的失业率为5.3%，这是自2011年以来的最低水平。2019财年第二季度，整体失业率为42%（中级及以上学历）和47%（大学及研究生）。2019财年第三季度的失业率为7.7%。2020年新冠肺炎感染疫情对埃及经济造成了巨大冲击，导致失业率大幅上升。在疫情初期，超过25%的人口失业。2020年第三季度的失业率为7.3%。2021年第二季度的失业率为 7.2％。2023 年第三季度的失业率为 7.1％。青年群体的失业率一直较高，尤其是受过高等教育的青年。例如，2018 年青年群体的失业率达到 32.6％，2019 年第二季度青年失业率为 47％（大学及研究生）。女性失业率普遍高于男性，例如 2020 年女性失业率为 15.2％。

总体而言，2018 年至今，埃及的失业率受到多种因素的影响，包括疫情冲击、政治和经济动荡以及劳动力市场的结构性问题。尽管在某些时期有所下降，但整体失业率仍然较高，尤其是青年失业率。未来，埃及需要通过改革和政策调整来解决这些深层次的问题，以实现经济复苏和社会稳定。

为了降低失业率，埃及政府正在采取和实施有可能为埃及人创造就业机会的倡议，努力建设一个有效的劳动力市场，为更多工人提供最适合其施展技能的工作。这些举措反映在"埃及 2030 年愿景"中正在实施的"MEGA 项目"，该项目是指投资规模大、复杂性高，对政治、经济、社会、科技发展、环境保护、公众健康与国家安全具有重要影响的大型公共工程。这些公共工程通常涉及巨大的资金投入和长期的建设周期，需要多个设计公司和建筑承包商的协调与合作。例如，埃及的新行政首都、新亚历山大城和赛得东港新城等都是典型的"MEGA 项目"。这些公共工程能够提供广泛的就业机会，有助于降低失业率，不仅在经济上具有重大意义，还会对埃及社会发展产生深远的影响。

三、就业政策和机构设置

（一）就业政策制定机构

埃及的就业政策主要由埃及人力资源、就业和社会保障部制定和实施。该部门致力于为企业创造有利环境，鼓励埃及人进入劳动力市场，并促进创业、研究、创造力和创新文化。该部门还参与所有活跃的劳动力市场计划，包括公共就业倡议和小微企业支持，并会提供各计划所需的技能培训。

埃及人力资源和移民部在促进就业方面也发挥着重要作用，管理着一个就业信息系统，并定期发布劳动力市场统计数据和职位空缺信息。该部门还建立了一个面向雇主和求职者的网站，拥有超过 200 万的个人数据，并每年进行一次调查以收集有关劳动力市场的需求数据。

虽然上述两个部门在就业政策的制定和实施中都扮演了重要角色，但具体的政策制定机构主要是埃及人力资源、就业和社会保障部。

（二）促进就业的举措

埃及为促进就业采取了多项举措，以下是一些关键措施。

（1）提高私营部门对就业的贡献：埃及计划到 2030 年将私营部门对就业的贡献率提高到 90%。这一目标是埃及经济战略方向的一部分，旨在通过吸引外国直接投资和增加出口来实现经济增长和就业机会的增加。

（2）建设专业出口区和出口产业集群：埃及计划在几个目标省份建立十个专业出口区，并发展十个出口产业集群，以增加就业机会。

（3）实施国家工业倡议：2022 年 4 月，埃及提出国家工业倡议，计划在 4 年内投资 2 000 亿埃镑，并确定了 9 个优先行业，包括建筑材料、化工、制药和纺织等，计划创造约 15 万个就业岗位。

（4）启动国家工业发展战略：2023 年初，埃及启动了国家工业发展战略，提出力争在 5 年内实现工业产值年增长率 8%、工业产值占 GDP 20%的目标，并成立了工业发展局等专门机构，为国家工业发展提供政策建议。

（5）简化审批程序和企业负担：埃及最高投资委员会推出多项行政改革和投资激励措施，旨在简化审批程序和企业负担，改善投资环境。例如，将成立公司的审批时间压缩至 10 个工作日，并建立项目设立、运营和结算的单一线上平台。

（6）建设工业园区：2014 年 7 月至 2023 年 6 月，埃及政府已投入 100 亿埃镑，在 15 个省份建立了 4 个新工业城市和 17 个小型工业综合体。此外，还计划建设 9 个新的工业园区，包括两个高科技工业园区。

（7）推动职业教育与培训：埃及在提振职业教育方面采取了一些措施，包括设立教育与技术教育部，全面负责国家技术教育和职业培训工作。"埃及 2030 年愿景"中也提出了职业技术教育的发展目标，例如提升接受职业技术教育的学生比例和职业教育毕业生从事专业工作的比例。

（8）吸引投资和基础设施建设：埃及政府积极吸引投资，开展基础设施建设，例如建设苏伊士运河枢纽区、开罗新行政首都项目等，以创造更多就业机会。

（9）发展制造业：埃及政府通过"埃及 2030 年愿景"推动制造业发展，设定了制造业增加值增长目标，以增加就业容量。

（10）支持中小微企业：埃及政府决定扶持中小微企业的发展，提供融资咨询、技术培训等举措，为工业区内的中小企业创造更加良好的发展环境。

（三）捐助者对就业政策领域的支持

许多国际和国家利益相关者正在共同努力，积极落实埃及职业技术教育与培训方案，在信息和决策支持中心的支持下开发了一个全面的劳动力市场信息系统。此外，国际劳工组织和德国国际合作机构（Gesellschaft fürInternationale Zusammenarbeit，GIZ）正在支持埃及利益相关者通过区域劳动力市场观察站改进毕业生就业能力信息数据的收集和分析，目前埃及职业技术教育与培训方案已开发了一项追踪研究，以收集有关毕业生就业能力的信息，并在 2019—2020 年进行了试点，相关信息和数据为埃及就业政策的制定提供了支持。

第二章
埃及教育体系

第一节　埃及教育概况

据埃及教育部门的统计，2022—2023 学年第一学期，埃及基础教育学校共有 60 254 所，其中公立学校 49 804 所，私立学校 10 450 所。目前，埃及有公立大学 27 所，私立大学 38 所，高等学府包括开罗大学、亚历山大大学、艾因·夏姆斯大学、爱资哈尔大学等。根据第 20 版 QS 大学排名，埃及有 15 所大学进入前 1 500 名，数量居非洲国家之首，其中开罗大学排名第 371 位，为埃及排名最高的大学。

埃及在过去十年中显著提高了其预备教育系统的入学率和教育质量，小学净入学率达到了 92%。2010—2020 年，性别差距在所有预备教育阶段已经消失，女孩的入学率甚至超过了男孩。自 2014 年以来，埃及实施了一系列教育改革措施，包括课程改革、教学方法现代化、学习来源多样化和信息通信技术的应用等。这些改革不仅提升了教育质量，还增强了教育系统的整体表现。

埃及的大学和研究中心在全球学术排名中的表现也有所上升。例如，埃及共有 36 所大学被列入了 2022 年最具影响的高等教育榜单，高于 2021

年的 31 所。这表明埃及在高等教育领域的国际影响力正在增强。

在教育技术方面，埃及通过扩大并优化信息通信技术的结构和应用，显著提升了教育系统的表现。例如，从 2014 年到 2020 年 5 月，配备了约 9 000 个实验室和 27 000 间现代化教室，并向学生提供了数百万台免费平板电脑。

尽管存在一些挑战，但埃及在多个教育指标上取得了进步，一直致力于减少区域间的教育不平等。例如，辍学率在 2010—2019 年显著下降，尤其是在初等教育、中等教育阶段。

埃及在某些关键教育指标上取得了积极进展，但仍面临着一些挑战，例如教育资源分配不均等问题。然而，通过持续的改革和投资，埃及在提高教育质量和教育普及率方面已经显示出明显的积极趋势。

第二节　埃及教育结构

埃及的教育体系可以分为幼儿早期教育、普通教育、职业教育与培训、高等教育四个主要部分，每个部分都有其独特的管理体系和课程设置。年满 2 岁或 4 岁的儿童可以分别进入托儿所和幼儿园，其中幼儿园早期教育属于学前教育，为非义务教育。埃及实行普及义务教育制度，包括 6 年的小学教育、3 年的初级中学教育（预备教育）和 3 年的中学教育。在这一阶段，学生接受普通教育或职业教育，普通教育强调文化与科学知识的传授，而职业教育则侧重于实际技能的培养。在职业教育与培训领域，中等技术教育占中等教育的 70%。中等技术教育体系的主要教育机构包括三年制的职业中学和五年制的技术学校，这些学校提供工业、农业和商业等领域的专业培训，此外还有众多职业培训机构提供两年或三年制的职业教育。埃及的高等教育由高等教育和科学研究部管理，但埃及的大学是自治的，由最高理事会管理，这些理事会可以是公立的也可以是私营的。此外，埃及教育与技术教育部负责制定全国教育政策和学校课程结构、统筹教育经费、管理教师，以及提供图书、仪器和设备等。

近年来，埃及进行了多次教育改革，以提高教育质量和激发学生的创造力。例如，自 2018 年起实施全面深入的教育改革计划，逐步建立了新的教育系统，并对课程设置、教材教具使用、考试制度和教师培训等进行了调整。埃及宪法和法律保障人人享有受教育的权利，基本义务教育为12 年制，包括免费的大学前教育。尽管如此，埃及的教育制度仍存在一些问题，例如理论与实践脱节、缺乏综合评价体系等。埃及还通过国际合作提升高等教育质量，建立了从高校到专业乃至课程的多层面、综合性的高等教育质量保障体系。

埃及各个教育阶段都有相应的认证规则和标准，并会有相应的证书，见表 2.1。

表 2.1　埃及各教育阶段及授予的证书

序号	教育程度	年限	证书	备注
1	幼儿园	2	无证	免费
2	小学（初级）	6	普通初级证书	政府制定课程
3	初级中学（预备教育）	3	基础教育结业证书 普通预备教育证书	外部高风险评估
4	中学（普通教育或技术教育）	3	普通中等教育证书 中等技术教育证书	属于义务教育
5	高等教育	4—6	学士学位 技术专科文凭	
6	研究生教育	2—5	硕士学位 高等教育理学硕士学位 博士学位	

一、幼儿园早期教育

埃及儿童的幼儿园入学率在中东和北非国家当中较低，约 31%。埃及大部分幼儿园资源集中在更富裕的开罗地区，约有 54% 的孩子就读，但生师比最低，为 23：1；相反，在相对贫困的地区，生师比最高，如图 2.1 所示。幼儿园入学率与家庭收入密切相关，大多数低收入群体的子女无法接受早期教育。

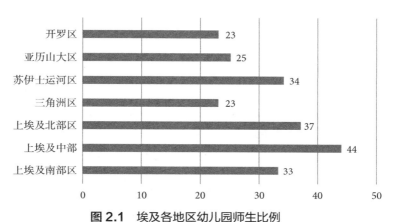

图 2.1　埃及各地区幼儿园师生比例
资料来源：《埃及中央公共动员与统计局 2018 年统计年鉴》。

二、普通教育

埃及的普通教育阶段包括基础教育（1—9 年级）和高中教育（10—12 年级）两个阶段，学生年龄大都在 5—18 岁。基础教育可以分为小学（1—6 年级）和初级中学（7—9 年级）两个阶段，均是为高级中学（10—12 年级）做准备。获得普通中等教育证书或中等技术教育证书，学生方可进入高等教育。普通教育允许在文学或科学之间进行选择，所有学生都学习阿拉伯语、英语、宗教和公民教育。

埃及的私立学校提供的名额在小学、初级中学和高级中学阶段分别占 10%、7% 和 13%。然而，在 2013—2017 年，私立学校的入学增长速度快于公立学校，年复合增长率达 4%，如图 2.2 所示。

由于学生入学数量的增长超过了教育系统的容量，埃及的平均班级容量几乎是全球基准的两倍，尤其是在小学阶段。如此高的密度不仅给基础设施带来了负担，同时也限制了学生获得个性化学习经历的机会，并很有可能成为学生学习成绩不佳的一个决定性因素。要想减小班容量，就会增

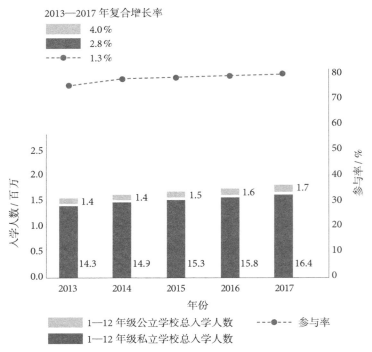

图 2.2　2013—2017 年 1—12 年级不同类型学校学生入学人数和参与率
资料来源:《埃及中央公共动员与统计局 2018 年统计年鉴》。

加成本，还会雇佣到资历不高的老师以应对需求。

　　在埃及，受到容量的限制，许多公立学校都实行两班倒，尤其是在人口稠密的城市地区。37% 的学生上"多班制"学校，每天上课 4.5 个小时，与"单班制"学校 7 个小时相比，上课时间明显不足。

三、职业教育与培训

　　埃及的职业教育与培训体系在近年来经历了显著的变革和发展，旨在提升其对劳动力市场的适应性和吸引力。埃及政府高度重视技术和职业教育，并制定了多项政策和法规以促进该领域的可持续发展。例如，国家资格框架、职业技能培训计划等都是重要的政策工具。此外，埃及还成立了埃及职业教育与培训质量保证和认证国家管理局（Egyptian TVET Quality

Assurance and Accreditation National Authority，ETQAANA）、技术职业教育教师学院，以确保职业教育的质量和声誉。

埃及的职业培训由公共和私营部门以及许多独立运营的实体提供。一些职业培训中心提供为期三年的固定培训计划，如中级资格证书培训计划，而大多数职业培训中心则提供短期课程并颁发完成培训计划的证书。此外，还有专门为企业提供特定国际证书（如 ISO 和 TQM）的私人培训机构。埃及采用双轨学徒制和工作本位学习（Work-Based Learning，WBL）两种主要的培训模式。其中，双轨学徒制受技术教育和职业培训部第 162 / 2011 号法令、第 62 / 2007 号法令以及相关备忘录的监管，联合学校通过协议在教育部门与私营和国有公司之间实施。然而，由于缺乏统一的法律规范，各计划的法律框架存在一定的模糊性。

埃及重视职业教育与培训的国际合作，与多个国家或地区开展了国际伙伴关系项目，共同推动可持续发展。同时，埃及也致力于职业教育与培训体系的现代化，以满足不断变化的劳动力市场需求，从而提高其竞争力。

据数据统计，截至 2021—2022 学年，埃及有 21 所职业教育与培训机构在七个省运营，计划到 2030 年建立 100 所职业教育与培训机构。尽管如此，由于高等教育的要求较高，只有 6% 的学生选择了高等职业教育。此外，一些研究表明，埃及的职业教育体系表现较弱，毕业生的技能与需求脱节。

埃及政府采取了多项措施来提升职业教育教师的技能和素质。例如，天津轻工职业技术学院为埃及职业教育教师进行了新能源技术专业、数控设备应用与维护专业和数控加工专业的培训。此外，埃及还通过各种形式的职业教育机构，包括技术医疗和护理学院、私营中专、工业教育学院等，来提供高等职业教育。

尽管埃及在职业教育与培训方面取得了一定的进展，但仍面临一些挑战。例如，教师短缺、毕业生待遇不佳等问题仍然存在。未来，埃及需要进一步改革和完善职业教育与培训体系，以实现更完善的体系，并更好地适应劳动力市场的需求。

四、高等教育

埃及的高等教育体系中的教育机构包括公立大学、私立大学、高等职业教育与培训机构和非营利性大学等多种类型，同时也在积极进行国际合作以提升教育质量。

（一）公立大学

埃及有多所公立大学，由最高理事会管理，这些理事会可以是公立的也可以是私营的。开罗大学是埃及最大的高等学校之一，提供广泛的学术课程。

（二）私立大学

自 1992 年启动第 101 号律令和 2009 年启动第 12 号律令以来，埃及的私立教育机构得到了显著的发展。埃及私立大学受到最高私立大学委员会（Supreme Council of Private Universities）的监管，该委员会是高等教育和科学研究部的一个监管机构。开罗美国大学（American University in Cairo，AUC）和开罗德国大学（German University in Cairo，GUC）等都是埃及知名的私立大学。

（三）高等职业教育与培训机构

埃及的高等职业教育与培训体系包括从两年硕士学位到三年制博士学位不等的多种教育途径。高等教育机构、高等技工学院等不同层次的机构提供不同的学历层次，包括本科学士学位、硕士学位和博士学位。

（四）非营利性大学

埃及政府还设立了四所全国性非营利性大学，包括国王萨勒曼国际大学（King Salman International University，KSIU）、阿拉曼国际大学（Alamein International University，AIU）、加拉拉大学（Galala University，GU）和新曼苏拉大学（New Mansoura University，NMU），旨在平衡研究生的技能和知识，将教育过程与劳动力市场的优先事项相结合。

（五）国际合作与认证

埃及政府签署了多项谅解备忘录以促进与世界主要大学的教育和研究的合作，并努力提高埃及大学和研究机构在国际排名中的位置。例如，开罗大学、艾因·夏姆斯大学、亚历山大大学等多次跻身 QS 世界大学排名榜单。

从学生人数来看，埃及高等教育在 2022—2023 学年共有 370 万学生注册，相比 2021—2022 学年的 350 万学生增加了 5.7%。这一增长反映了埃及高等教育系统的扩展和受欢迎程度。埃及政府也在积极吸引国际学生。2023—2024 学年，埃及大学的外国学生人数达到了 2.6 万人，比上一学年增长了 117%。这表明埃及高等教育在国际上的吸引力显著提升。

此外，埃及政府推出了多项教育改革措施以提高教育质量和应对挑战。例如，"埃及 2030 年愿景"提到要升级各级教育设施，并制定激励措施鼓励高等教育机构申请国际认证。同时，埃及还实施了"教育 2.0"计划，加速了数字化教学的推广。但是，埃及高等教育也面临一些挑战，例如课堂拥挤问题依然存在，部分班级的学生人数多达 120—130 人。此外，埃及尽管在提高教育质量方面做出了努力，但毕业生的失业率仍然较高，这表明教育与就业市场之间存在脱节。

第三节　埃及教育管理体系

埃及的教育管理体系由多个部门和机构共同负责。

一、教育与技术教育部

教育与技术教育部负责制定全国教育政策和学校课程结构、统筹教育经费、管理教师，以及提供图书、仪器和设备等。该部下设若干处室，分别管理幼儿园、中小学、中等技术学校等各级各类教育业务。此外，该部还监督公立和私立学校的日常运营，并在 27 个省级行政区设有总局，每个行政区又设有地方教育部门。

二、高等教育和科学研究部

高等教育和科学研究部主要负责协调管理高等教育，包括大学的发展规划和招生考试事宜。该部还设立了大学最高委员会，成员包括各大学校长和政府官员，主席由高等教育和科学研究部部长兼任。该部也对技术学院和其他高等教育机构进行监督。

三、爱资哈尔宗教事务部

爱资哈尔宗教事务部负责计划和管理爱资哈尔大学及全国各地的爱资哈尔中小学，这些学校主要面向穆斯林学生，旨在传播伊斯兰文化和阿拉伯语。

四、其他相关部门

除了上述三个主要部门外，还有一些其他类型的学校直属于国防部、社会服务部、财政部、旅游部、文化部等，这些学校招收的学生相对较少。

五、地方分权与社区参与

尽管中央政府制定了总体政策，但分配学生到不同学校、每个学校的学生数、班级容量等运营方面的决策则留给了地方教育部门。此外，鼓励社区参与也是埃及教育体制改革的重要策略之一。

六、质量保证和认证体系

为了应对快速扩张带来的挑战，埃及政府成立了埃及质量保证和认证的全国性机构国家质量保证和教育认证委员会（National Authority for Quality Assurance and Accreditation of Education，NAQAAE），这是一个独立的机构，向总理报告，负责对高等教育机构进行质量认证。

总体而言，埃及的教育管理体系具有高度集中的特点，但也逐渐引入去中心化和社区参与的元素，以提高教育质量和适应社会需求的变化。

第四节   埃及国家资格框架

一、埃及国家资格框架简介

埃及国家资格框架（National Qualifications Framework，NQF）始于2005年，已有近20年的发展历史。最初是由埃及人力资源和移民部牵头与欧洲培训基金会（European Training Foundation，ETF）开展了为期三年的合作项目。作为教育改革战略的一部分，国家质量保证和教育认证委员会于2007年成立，作为埃及整个教育系统的认证机构。在2011年之前，国家质量保证和教育认证委员会组织所有部门的利益相关者参与、制定了国家资格框架的前两份草案。但多年的政治不稳定导致国家资格框架建设进程停止，直到2015年才恢复，随后召开了一次包含所有利益相关者的国际会议，重新审视拟建的国家资格框架的结构和设计，并成立了咨询委员会来落实会议的建议，着手制定国家资格框架的第三稿。2016—2017年，国家资格框架草案被进一步审查并提交给总理开始进行立法程序，国家质量保证和教育认证委员会召集利益相关者和专家一起举办了一系列研讨会。

国家质量保证和教育认证委员会的任务是协调和管理国家资格框架。2021年之前，该委员会一直是各级教育和培训机构以及他们所属子部门的主要质量保证机构。2021年，埃及批准了关于建立以职业教育与培训为重点的新质量保证机构的立法，随后成立了一个新机构，即埃及职业教育与培训质量保证和认证国家管理局。

二、埃及国家资格框架的目标

埃及国家资格框架的目标确定如下。

- 根据学习成果设定资格等级的参考标准。
- 作为不同部门或子部门建立资格框架的参考。
- 作为认可埃及资格的可比性工具，允许教育系统和劳动力市场的海外流动。
- 贯通资格级别，允许从一个级别晋升到另一个级别。
- 将职业教育与培训同普通教育系统连接起来，不仅促进两个系统各自水平的提高，还允许两个系统之间的水平流动。
- 指导教育提供者会同埃及职业教育与培训质量保证和认证国家管理局制定质量保证标准和学术参考标准。
- 允许学习成果跨部门间流动。
- 当引入新资格时，可以提供参考标准。
- 通过满足社会和雇主对不同资格等级的期望，确保公众对埃及资格体系效果的信心。
- 促进终身学习（Lifelong Learning，LLL）和对先前学习成果的认可（Recognition of Prior Learning，RPL）。

埃及未来的努力将集中在建立国家资格登记册、创建衔接途径，以及实施对先前学习成果的认证并进行学分积累与转换。

埃及还有意愿将本国的国家资格框架与欧洲资格框架（European Qualifications Framework，EQF）进行合作和比较，并参与制定非洲大陆资格框架（Africa Continent Qualifications Framework，ACQF）。

三、埃及国家资格框架的范围和结构

埃及国家资格框架是一个涵盖小学教育、中学教育、职业教育与培训、高等教育的综合框架，全面囊括了从基础教育到高等教育所有教育级别的资格。埃及国家资格框架构建的基本思路如下。

- 埃及国家资格框架的体系结构为 8 级结构。
- 等级从 1 级（相当于普通初级证书）到 8 级（相当于博士学位）递增。
- 根据学习成果对 8 个级别进行描述，这 8 个级别可以涵盖埃及所有的资格。
- 资格是根据学习成果衡量的，这些学习成果对应着相应的能力水平。
- 一个或多个国家资格可以同时对应国家资格框架中的同一个级别。
- 资格采用一般概述形式，为不同部门制订其学术计划或学习计划提供更多灵活性。

"等级描述"主要在以下三个领域中构建，主要由子领域指定。
（1）领域：知识（子领域：范围和类型）
（2）领域：技能（子领域：认知和专业）
（3）领域：能力（包括自主、责任和互动）

埃及国家资格框架的设计策略是基于定义一组"不断发展"的技能和能力，从最低的资格级别开始，技能与能力在不同级别中不断进步，直到达到最高资格，之后保持不变。

埃及国家资格框架的八级体系结构划分为：1—3 级为普通学校教育，技术学校证书为 3 级和 4 级（分别为三年制和五年制），而 4—8 级为学后教育（即普通教育之后的教育和培训）。这使其成为一个综合框架，旨在服务于提供教育和培训的所有教育机构。学术高等教育的第一个退出点是第 5 级，继续进步的资格可达到 8 级。在高等教育中拟被提议的技术教育涵盖国家资格框架 4—7 级，没有为国家资格框架 8 级提议相应的技术资格。埃及国家资格框架如图 2.3 所示。

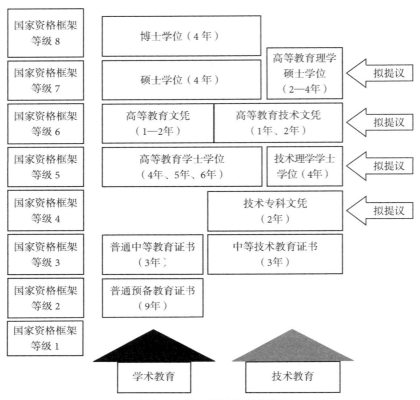

图 2.3　埃及国家资格框架

资料来源：国家质量保证和教育认证委员会，2020。

第一节　埃及职业教育现状

在埃及，职业教育与培训是一个与终身学习相关的术语，包括预备教育（相当于在初中阶段加入职业教育类课程）、中等技术教育和高等职业教育、职业教育、职业培训、继续培训和再培训等多个方面。然而，职业教育的概念和体系与职业培训的概念和体系在传统意义上是分离开来的。2009 年，埃及试图通过利益相关者制定适用于所有子部门的职业教育与培训战略，在一定程度上弥合这种分离。中等技术教育机构分为三年制职业中学和五年制中等技术学校。学生从三年制职业中学毕业可分别获得工业、农业、商业不同专业的中等技术教育证书，从五年制中等技术学校毕业可获得技术专科文凭，且五年制的学科专业更细化。学生从三年制职业高中和五年制中等技术学校毕业后，均可升入高等教育。此外，除了正式的中等技术教育与培训计划之外，还有非正式的培训计划，例如学徒计划和双重计划，这些计划将职业培训中心的理论指导与实际培训相结合，其课程通常是为就业而设计的，并不提供接受高等教育的机会。

一、中等技术教育概况

埃及的技术教育涵盖了多种类型和层次的教育机构，从三年制的职业中学到五年制的中等技术学校不等。例如，三年制的职业中学主要开设工业、农业和商业三个专业，学生毕业后可成为技术员；而五年制的中等技术学校则提供更深入的专业培训，毕业生可以获得与技术学院相同的能力和资格证明。

从预备教育毕业后选择进入三年制职业中学的学生中，有 16% 的学生开始就业，进入五年制中等技术学校和高等职业学校的学生数量较少，仅占 10%，还有 2% 学生选择参加培训。

如图 3.1 所示，2019—2020 年职业中学工业专业的学生数量最多，为903 317 人，占比约为 44%；职业中学商业专业的学生数量仅次于工业专业，为 793 535 人，占比约为 39%；职业中学酒店业专业的学生数量最少，仅为 59 040 人，占比约为 3%。

2021 年以来，埃及中等技术学校的学生数量持续增加，并在 2022—2023年达到了约 230 万。

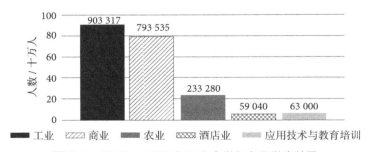

图 3.1 2019—2020 年职业中学各专业学生数量

（一）中等技术教育的分类

1. 按学制分类

根据学制的不同，埃及的中等技术教育教学机构可以分为三年制职业中学和五年制技术学校两类。

三年制职业中学通常设有工业、农业和商业三个专业方向，学生在完成三年的学习后可以获得相应的中等技术教育证书。

（1）工业院系。三年制职业中学一般设有机械类专业、电子类专业、建筑类专业、纺织专业、装修专业。五年制中等技术学校有两种：一是培养技术人员，设有机械工程、电子工程、建筑、纺织机械和针织品等专业；二是培养技师，设有计算机及电子技术、信息通信技术、重型机械、印刷、陶瓷塑料、自动化控制、医疗机械维修、医学工程、电工等专业。

（2）农业院系。三年制职业中学培养农业技术员，设有农业和实验室人员两个专业。农业专业主要满足劳动市场对农业技术人才的需求，学生在一、二年级学习基础课程，在三年级时开始分科，可以选择园艺、动物饲养、农业工业化、土地改良、农业机械、渔业等六个专业方向。实验室人员专业则主要为本校和其他单位培养实验员。

（3）商贸院系。三年制职业中学开设普通文化课、商贸专业课程、市场营销学。五年制中等技术学校的学生第一年学习基础课，第二年到四年学习专业课，第五年进入企业实习，设有财会、保险、管理、文秘、港口管理和海上服务等专业。

五年制中等技术学校提供更为深入的专业培训，学生在完成五年的学习后可以获得与技术学院相同的能力和资格证明。

2. 按教育形式分类

埃及的中等技术教育还可以按照不同的教育形式进行如下分类。

（1）正规系统：包括初级、中等和高等三个层次的教育。例如，中等技术学院提供两年课程，学生毕业后获得相应的文凭；工业教育学院提供四年制课程，学生毕业后获得相应的学士学位。

（2）非正规系统：包括工业实习、双轨制、学徒制等。

3. 按专业领域分类

埃及的中等技术教育还涉及多个专业领域，可有如下分类。

（1）工业教育：这是埃及最受欢迎的专业之一，吸引了大量学生。

（2）农业教育：虽然需求相对较少，但仍然存在一定的需求。

（3）商业教育：这也是埃及重要的专业方向之一，涵盖广泛的商业管理知识。

（二）埃及中等技术教育面临的挑战

1. 政府政策与改革

埃及政府一直致力于改革和技术教育的发展。例如，在 2001 年，埃及政府与世界银行合作启动了一系列旨在改善教育的项目。近年来，政府还通过《技术教育战略》来提高该国的中等技术教育水平，以促进经济和社会发展。

2. 资源分配与协调问题

尽管埃及政府在扩大中等技术教育方面做出了努力，但由于各部委之间缺乏协调，导致资源分配不均等问题依然存在。

3. 就业前景与技能培训

埃及的职业技能培训体系由正规和非正规系统组成，其中正规系统分为初级、中等和高等三个层次，非正规系统包括工业实习、双轨制等，培训渠道和机会较多。但是，尽管有这些培训机会，许多毕业生的技能与市场需求脱节，导致就业率不高。

（三）埃及中等技术教育发展展望

埃及的中等技术教育在未来有望继续发展和完善。例如，埃及与日本合作建立了 11 所中等技术学校，旨在授予国际优质证书，重点关注能源、信息通信技术等国家经济优先领域。

总之，埃及的中等技术教育体系在不断进步和发展，尽管面临一些挑战和问题，但通过政府的持续努力和国际合作，有望在未来实现更大的突破和发展。

二、高等职业教育概况

相对中等技术教育，埃及对高等职业教育重视不足，导致高等职业教育院校数量较少。埃及提供高等职业教育的院校有阿斯旺能源学院、邦哈电子学院、开罗邦尼苏义夫工学院等。埃及高等职业教育的目的是根据工业生产部门的要求，培养大量的工程、管理知识领域的人才。工程学院和高等技术学校专门培养有创新意识、适应社会需求的工程师、技术工人。

埃及鲁班工坊的建立是中埃职业教育合作的一个重要里程碑，它不仅推动了中埃民心相通，促进了中资企业对外投资，还对埃及改革职业教育体系、加快本土师资培养、提高毕业生就业率产生了积极影响。鲁班工坊首次实现了埃及中、高职业教育的贯通，学生在完成中职阶段学习后，可以升入高职阶段继续深造，毕业后可获得相应的文凭。这对埃及的高等职业教育发展产生了积极影响和重要推动作用。

第二节　埃及职业教育的治理体系

一、职业教育治理体系的效力

埃及政府高度重视职业教育，并采取了一系列措施来提升其质量和声誉。例如，埃及设立了埃及职业教育与培训质量保证和认证国家管理局、建立技术职业教育教师学院，并制定了一系列战略文件以应对行业转型的挑战。此外，埃及还通过鲁班工坊等国际合作项目，推动职业教育体系的改革，加快本土高端技术技能人才的培养。

然而，埃及的职业教育治理体系存在一些显著的问题。首先，由于涉及多个部门和实体，各部门之间的协调不足，导致行政管理复杂且效率低下。其次，尽管有多个委员会和机构负责人力资源开发工作，但这些机构未能有效发挥作用，直到 2020 年才被废除。此外，传统的教学方法和老旧的设施也阻碍了教育质量的提升。

总体而言，埃及的职业教育治理体系正在不断发展和完善中，虽然取得了一定的进展，但仍需进一步加强协调和合作，以确保该领域的有效治理和可持续发展。

二、职业教育治理体系的运行

为了确保职业教育与培训政策制定和提供的统一性，并为职业教育治理体系建立适当的领导机构，埃及政府于2014年成立了技术教育和职业培训部，但该部在成立7个月后便因内阁改组而解散，其职责被分配给教育部。尽管技术教育和职业培训部被解散，但教育部并未减少对职业技术教育与培训的投入，而是更名为教育与技术教育部，以便能更好的履行技术教育和职业培训部之前的职能。这表明埃及政府仍然重视技术和职业教育领域，并采取措施确保其发展不受影响。

（一）政策层面

职业教育与培训治理的体制框架包括三个委员会，旨在更好的协调职业教育与培训各利益相关者，消除职业教育与培训系统内的碎片化问题，并增强各利益相关者的凝聚力。这三个委员会分别为国家人力资源开发委员会（总理主持）、职业教育与培训执行委员会（由教育与技术教育部部长主持）和执行劳动力技能发展委员会（由人力资源、就业和社会保障部部长主持）。这些委员会机构是负责制定人力资源开发政策的最高正式机构，并且是代表大多数职业教育与培训利益相关者的唯一平台。

（二）中央层面

埃及的职业教育与培训体系由多个部委共同负责，这些部门包括教育与技术教育部、贸易与工业部、住房与公共设施部、卫生部、军事生产部，以及人力资源、就业和社会保障部等。具体来说，教育与技术教育部主要负责普通教育和职业中学教育，而高等职业教育则由高等教育和科学研究部监督。对于高等职业教育，除了最高技术教育委员会外，由高等教育和科学研究部监督的技术学院最高委员会（Supreme Council for Technical Colleges，SCTC）管理八所技术学院，也负责管理技术大学。这些机构的设置和运作反映了埃及政府在职业教育领域的复杂性和多样性。

（三）地方层面

埃及的省级或地区级理事会负责落实中央政府做出的决定和要求。尽管理事会在行政上听从总督（省级行政首长），但他们仍然与各自所属的职能部委保持技术上的联系，这种运作模式可以被描述为行政分权。在省级以下有两个地方行政级别，它们负责将指令和资源从上级传达到下级。值得注意的是，在 2014 年，埃及还引入了职业教育与培训区域委员会来解决区域层面的分散问题。

（四）职业教育与培训提供者层面

埃及在职业教育与培训提供者层面，拥有职业中学、职业培训中心、中等技术学校等机构。这些机构涵盖了从预备教育到高等职业教育的多个层次，并且由不同的政府部门和私立部门共同管理。埃及的中等技术学校主要有工业、农业和商业专业，目的是培养熟练工人。截至 2020 年，埃及教育与技术教育部监督 2 266 所职业中学，这些学校在学生人数和数量上占据主导地位；埃及共有 45 所中等技术学校，组成了 8 个区域性职业培训中心，由埃及信息服务局管理。这些区域性职业培训中心主要面向工业部门，旨在为该行业的未来从业者提供培训。

三、职业教育治理的财政支持

（一）埃及职业教育融资类别

埃及职业教育融资分为四类：公共融资（财政部分配的国家预算）、

通过核心活动产生的资金、企业融资、国际捐助者资助。

1. 公共融资

公共融资是埃及职业教育与培训的主要资金来源。埃及政府支持高补贴的公共教育系统，其中包括大学前和高等教育阶段的普通教育、职业教育与培训。财政部为每个部委分配预算，旨在让部长们更好地控制预算分配，将资金（主要用于工资和运营成本）合理分配到下属部门，再分配给学校或职业培训中心。但是，也有一些例外情况，例如生产和职业培训部尽管隶属于贸易与工业部，没有独立的法律身份，但它有接收并与财政部协商其年度预算的独立地位。在过去几年中，生产和职业培训部的预算从1.6亿埃镑增加到2.6亿埃镑，主要用于工资支出的增加。

2. 通过核心活动产生的资金

"通过核心活动产生的资金"通常指的是教育机构通过其主要业务或服务直接获得的收入。这些核心活动可能包括提供专业培训课程、认证考试、咨询服务等。这种资金形式是职业教育机构自我维持和发展的基础，因为它直接关联到教育服务的提供。运作方式上，职业教育机构会根据其提供的各种教育产品和服务来设定相应的收费标准。例如，一个提供会计技能培训的学校可能会收取一定的学费作为其主要收入来源。此外，一些教育机构还可能通过与企业合作，开展定制化的培训项目来增加收入。这些合作项目往往能够为学生提供更多的就业机会，同时也帮助教育机构扩大其服务范围和市场影响力。在管理和使用这些资金时，职业教育机构需要确保资金的有效利用，以支持其教育质量的提升和持续发展。这可能包括对教学设施的更新、教师团队的建设、课程内容的优化等方面的投资。同时，机构还需要透明地报告资金的使用情况，以增强公众对其财务健康和运营效率的信任。

3. 企业融资

职业教育与培训的企业融资有多种形式，唯一的制度形式是国家培训基金（培训税）。国家培训基金的设立源于埃及2003年颁布的劳动法，由人力资源、就业和社会保障部管理。员工在 10 名及以上的公司，必须拿出其净利润的 1% 作为国家培训基金。然而，自 2003 年推出培训基金以来，关于培训税法律地位的争议阻碍了这项制度的全面实施。

除国家培训基金外，职业教育与培训企业融资的形式广泛，例如：参与和支持工作本位学习计划（如技术教育双元制、学徒计划、生产和职业培训部学习支持计划等），同教育与技术教育部合作建设"应用技术学校"，与生产和职业培训部合作举办"工厂学校"和"培训站"，引入新专业（如快餐服务专业），开展职业教育与培训系统改革的合作。

4. 国际捐助者资助

国际捐助者资助的项目在埃及职业教育与培训改革计划中发挥了重要作用，一些项目还包括提供设备和修复建筑物，但大多数项目侧重于技术援助和员工能力建设。较为活跃的国际捐助者包括欧盟、德国国际合作机构、德国复兴信贷银行、意大利发展合作署、美国国际贸易委员会、日本国际协力机构、世界银行、加拿大全球事务部和中国等。

（二）埃及教育公共支出预算情况

埃及财政部和规划部在为不同的部委和职业教育培训机构分配资金方面发挥着重要作用。各部委和职业教育培训机构都遵循各自的规则和程序，运行预算分配，为职业教育与培训提供资金。预算编制比较灵活，可能基于上一年的支出来进行预算分配。

迄今为止，分配给职业教育与培训的最大预算是通过教育公共支出总额分配给教育与技术教育部的预算。根据表 3.1 的数据，公共教育总支出一直在增加，这在一定程度上是为了落实 2014 年宪法的重要举措。在 2017—2018 财年，教育公共支出已超过 1 070 亿埃及镑，而 2015—2016 财年时还不到 1 000 亿埃及镑。但是，公共教育支出占国家公共支出的百分比一直在下降：2015—2016 财年为 11.5%，2016—2017 财年为 10.7%，2017—2018 财年为 8.9%。2 018 以来，尽管埃及政府总体上继续增加教育公共支出，但并未根本改变教育公共支出占 GDP 比重下降的趋势，其占

GDP 的比例仍然低于国际和区域标准。2018—2019 财年埃及政府将 GDP 的 2.61% 用于教育公共支出，2019—2020 财年教育公共支出占 GDP 的 2.48%，相比前一年下降了 0.13 个百分点。这与政府议程上越来越重视教育部门的说法并不完全相符。

表 3.1 2015—2018 财年各类教育公共支出及占比情况

项目	2015—2016 年	2016—2017 年	2017—2018 年
国家公共支出 / 百万埃镑	864 564.1	974 794.0	1 207 138.0
教育公共支出 / 百万埃镑	99 262.9	103 962.2	107 075.4
在国家公共支出中的占比 / %	11.5	10.7	8.9
大学前教育公共支出 / 百万埃镑	69 303.8	72 402.4	70 512.3
在教育公共支出中的占比 / %	69.8	69.6	65.8
大学教育公共支出 / 百万埃镑	21 211.1	22 627.1	25 754.0
在教育公共支出中的占比 / %	21.4	21.8	24.1
其他教育方面的支出 / 百万埃镑	8 748.0	8 932.7	10 809.3
在教育公共支出中的占比 / %	8.8	8.6	10.1

学校财务系统的充分性和公平性原则是确保教育资源能够平等地分配给所有学生，满足他们的基本需求。埃及在 2008 年 9 月和 2009 年 10 月实施的分散融资政策试点是一个尝试，目的是将资金分配权从教育与技术教育部下放到省级教育部门，再进一步到地方教育部门，最终到达职业教育与培训学校。这种政策的实施在九个省的评估中被认为是成功的，它标志着埃及职业教育治理向更加分散和多元参与的模式迈出了重要一步。

然而，尽管政策试点取得了成功，但学校在确保为学生提供必要资源方面仍然面临挑战。其中最主要的挑战之一是工资支出的持续增长。从 2000—2001 财年的 71% 到 2006—2007 财年的 83%，工资支出在教育部门总支出中所占的比重显著增加。这种增长导致其他经常性开支，例如与学生直接相关的费用和学校日常运作费用，在总支出中的比重不断下降。

总体来看，这种趋势持续至今并未完全改变，影响着埃及教育质量的提升，一定程度上限制了学校在教学资源、设施维护和其他对学生学习至关重要的领域的投入。为了应对这一挑战，埃及政府需从以下几个方面进行改革。

（1）重新评估和调整预算分配，确保工资支出与其他教育开支之间保持平衡。

（2）通过优化资源配置和减少浪费来提高资金使用效率。

（3）寻求更多的政府以外的资金来源，例如私立部门投资、国际援助或社区支持。

（4）开展政策和法规改革，对教育财政政策进行进一步深入改革，以更好地满足学校和学生的需求。

（5）加强财务透明度和问责制，确保资金分配和使用的透明，以及对资金使用的问责。

这些措施需要政策制定者、教育管理者、教师、家长和社区成员的共同努力，以确保埃及的教育系统能够为所有学生提供高质量的教育服务。

第三节　埃及职业教育的政策支持

一、职业教育治理的支持政策

各职业教育利益相关者郑重承诺要更好地进行职业教育治理改革，这在埃及的许多政策文件中得到证明。

（1）制订新的《劳动合同法》，该法自 2016 年起草并提交议会，其核心在于建立"人类技能和资源开发最高委员会"及省级/地区执行委员会。这一法律框架的设立，旨在通过政府主导的方式，推动人力资源的发展和管理，确保劳动力市场的有序运作和社会经济的稳定发展。该法对企业人力资源管理产生了重要影响。首先，它要求企业在招聘、合同订立等方面遵循新的法律规定，这不仅有助于维护劳动者的权益，也促使企业更加规范地进行人力资源管理。其次，该法的实施为企业提供了调整劳动关系、吸引和留住人才的机会，同时也带来了挑战，例如企业需要更加系统和规范的人力资源管理体系。此外，该法还强调了工会在构建和谐劳动关系中的作用，这表明法律不仅关注企业的内部管理，也重视劳动者权益的保护和社会整体的和谐。这种立法趋势与全球范围内对劳动法典编纂的关注相呼应，即通过法律手段解决劳动关系中的问题，促进社会进步和经济发展。

（2）教育与技术教育部 2018 年制定的《技术教育转型战略 2.0》，这是职业教育采用的改革战略方案。这一战略的实施很大程度上依赖于雇主的投入和贡献，他们在学校层面的改革中发挥了主导作用，参与了课程的制定。

同样在 2018 年，就业社会对话最高委员会成立，由人力资源、就业和社会保障部部长担任主席，成员来自多个部委，例如司法部、教育与技术教育部、议会事务部、农业与土地改良部、地方发展部、旅游部、公共企业部等，以及 6 名工会代表和 6 名雇主代表。该委员会通过在省长授权下的子委员会在省一级运作，理事会负责参与制定工作领域社区对话的政策。

埃及职业教育与培训由以下两个部门负责实施：埃及职业教育与培训质量保证和认证国家管理局、技术职业教育教师学院。前者主要确保更广泛的职业教育与培训的质量，后者负责为职业教育技术教师、培训师、高级培训师、评估员和验证员提供世界一流的培训。

（3）埃及同时制定了职业教育与培训战略与法案，但是两者都处于实施初期，尚不清楚利益相关者之间是否已就其达成共识，以及由谁来牵头将其提交给议会。值得一提的是，职业教育与培训战略旨在解决职业教育与培训系统内的碎片化问题，在多层次治理体系内构建和加强雇主参与职业教育改革的机制；职业教育与培训法案旨在在一个综合框架内进行职业教育与培训立法，并为中央、省级区域和部门各层面的职业教育与培训提出制度框架，其中包括政策制定层面的职业教育与培训最高委员会、覆盖地方层面的省级地方委员会和处理部门层面的部门技能委员会。

二、支持非国家行为者参与职业教育的政策

此前，埃及职业教育与培训部门的管理运作主要掌握在政府机构的手中，非国家行为者在制定和实施职业教育与培训政策方面的作用很低，对埃及职业教育与培训体系的影响非常有限。目前，非国家行为者正在通过工作本位学习计划、区域观察站，以参与制定国家资格框架和技能标准的过程或参与各种理事会和委员会等途径，为职业教育与培训体系的完善做出贡献。

为支持非国家行为者参与或提供职业教育与培训，政府采取了一系列支持政策。

第一，埃及政府通过引入经济激励措施，特别是对投资和支持提供职业教育与培训的投资者提供所得税优惠，旨在吸引私营企业投入更多的资金和开展更高层次的参与。这一政策被纳入 2017 年第 72 号法律的第 3 章第 15 条。这种做法不仅有助于提升教育质量，还能促进经济增长和社会发展。

第二，经济激励措施被纳入管理经济特区的第 83 号法律修正案中，其中规定，应苏伊士运河经济区管理局董事会的要求，内阁可以授予劳动密集型项目多项激励措施，其中涵盖有关埃及工人的技术培训。另外，自 2006 年以来，埃及政府采取了一系列举措，引入正式的制度平台，让非国家行为者，尤其是雇主，参与职业教育与培训的治理，其中包括 3 个行业委员会（工业培训委员会、建筑技能发展委员会和旅游委员会）、12 个企业职业教育与培训合作伙伴和其他以地方为重点经营范围的企业职业教育与培训合作伙伴。但是，其立法建制和财务问题导致大多数举措都未能站稳脚跟；曾经被认为是为埃及技能发展部门的改革提供重要服务的部门委员会不再活跃；企业职业教育与培训合作伙伴（部门和地方）从未整合到职业教育与培训治理结构中来，并且无法获取合理的法律地位，尽管他们之前做出了许多努力，但也不再活跃。

第三，各种职业教育与培训利益相关者提出了一些制度措施，以激励非国家行为者，特别是推动雇主参与到职业教育中来。在这些制度措施中，例如由埃及教育与技术教育部推出的基于工作的公私合营学习计划"应用技术学校"，在生产和职业培训部培训中心内实施公私合营项目"工

厂学校"和"培训站",都在积极推动职业教育的发展。需要指出的是,与应用技术学校不同,在生产和职业培训部内实施的公私合营计划会向学生收取相当高的学费,在某些情况下甚至高达1万埃镑/年。

2017年,埃及通过了第304号部长令,教育与技术教育部部长重组国家人力资源开发委员会,并让该委员会负责制订双元制政策和监测项目。国家人力资源开发委员会实质上是一个代表雇主实施双元制,并在区域之间进行协调的部门。

除了引入部门技能委员会的计划外,贸易与工业部部长批准生产和职业培训部机构重组。重组计划强调:提高雇主在政策方面对生产和职业培训部更高水平治理的参与度,允许雇主以一种更有效的方式影响生产和职业培训部的可交付成果,以在各个工业部门内响应劳动力市场的需求。

三、职业教育财政政策

埃及职业教育目前的资金来源及其充足性可能会受到一些政策的影响。

(1)埃及宪法修正案中关于教育的初衷是逐步增加教育支出,至少达到GDP的4%,但目前尚未实现。

(2)劳动法修正案的第18条和第19条旨在审查和修改国家培训基金的使用,以解决培训政策与私营企业利益的冲突。这一措施包括在公共部门、公共企业部门和私营企业收取其工资总额的1%。这种做法可以平衡不同机构之间的经济负担差异,并通过增加对培训基金的投入来提升整体的劳动力素质。

(3)2017年的第72号投资法为职业教育与培训政策的投资者提供了所得税激励措施,这对吸引更多资金和私营企业更高水平地参与职业教育与培训会产生深远影响。

(4)教育与技术教育部扩大双元制,以增加学生人数。

(5)根据新《资本市场管理法》设立国家教育投资慈善基金,允许政府与私营企业、各种国家机构和民间社会组织合作,以其他资金来源补充政府预算。资金的所有投资回报将用于教育,旨在培养教师和管理人员,以及改善学生的学习环境,解决教室过度拥挤等问题。

第四章
埃及职业教育教师

第一节　埃及职业教育教师概况

一、埃及职业教育教师的类型

埃及职业教育体系中有几种不同类型的职业教育与培训相关工作和职位，但针对这些职位的全面介绍不多，基于能力的职位描述较少。一般而言，这些职位更加重视教师所持有的学位或资格，而非从事职业教育与培训工作职责所需的具体能力。埃及职业教育体系中存在着常见的教师整体职能分离现象，职业教育教师类型主要分为理论课教师和实践课教师两类。根据有潜力成为教师的主体受教育背景的不同，可以将其分为以下不同类型的教学角色。

（一）核心学科教师

核心学科教师教授交叉学科，例如数学、科学、语言、人文和宗教研究等。

（二）技术教师 / 培训师

技术教师 / 培训师主要教授技术学科的理论。技术学科主要为工业、农业和商业（包括旅游）三个学科。

（三）讲师 / 实践培训师

讲师 / 实践培训师负责培训实践培训车间和实验室内的课程，根据需要使用机器和设备教学。

（四）高级培训师

高级培训师负责培训师资。高级培训师并非来自学校，大多来自中央一级部委或负责教师培训的专门部门或机构。高级培训师没有特定的学历要求。

二、埃及职业教育教师现状

相对于埃及其他类型的教育和专业选择而言，职业教育系统的地位和整体形象有待改善。接受职业教育的学生通常是被考试和评分系统排除在中等普通教育之外的学生。在埃及，一旦进入职业教育系统，毕业生的社会形象就会受到一定影响。唐·博斯科学院等少数学校的毕业生及生产和职业培训部的毕业生质量相对较高，获得的工作机会较多，在劳动力市场上较受追捧，但只占每年劳动力市场新进入者的一小部分。

总体来看，职业教育的地位和整体形象不仅影响学生，也影响职业教育系统内的教师。

与普通教育系统中的教师相比，职业教育系统中的教师在公众眼中的社会形象和地位会对其自尊产生负面冲击，从而影响到其学生的自尊和职业教育系统本身的形象。2011 年，世界银行对职业教育学生、教师和管理人员进行了一系列有针对性的调研，调研结果显示，职业教育教师向学生提供未来就业建议、塑造自身教师形象的方式不够系统，专业性不强。

教师不能成为学生强有力的榜样，教师和学生之间的联系不是很紧密。研究者还提出了弥合理论教师和实践教师之间鸿沟的建议。利益相关者认为，如果有更多的整合，特别是在与使用理论术语和分享实践经验相关的领域，职业教育质量将会提高，并造福学生。

职业教育教师和培训师的这种地位观念不仅存在于职业教育系统与其他教育系统之间，而且在职业教育系统本身的不同类别中也同样存在着。例如，技术学院的教师认为自己比职业中学的教师地位更高，因为他们隶属于高等教育和科学研究部。此外，理论教师和实践教师的教育背景和在学校内的薪酬等级差异，也使其社会地位存在明显区别。此外，生产和职业培训部职业培训中心的教职员工被认为比职业中学教职员工的地位低。这些因素造成了一种基于肤浅观念的等级制度，而不是基于章程和立法的实际歧视，因此更难改变。

三、成为职业教育教师的途径

就业条件对教师和培训师在其所在社会中的地位感知有显著影响，这些就业条件包括他们需要获得什么资格，如何被选拔，以及他们有哪些晋升机会。下文概述了成为一名职业教育教师在教育背景和资格方面的要求，这些要求因教师类别而异。

（一）成为职业中学教师和培训师的途径

职业中学核心学科教师必须从隶属于高等教育和科学研究部的教育学院获得大学学位。

职业中学中教授理论的技术教师和培训师需要获得大学学位，具体教授哪门课程取决于其技术专业。大多数理论教师拥有大学工程学位，但也可以是农业、商业或旅游等学院的毕业生或者是工业教育学院的毕业生。

职业中学实践培训师大多是五年制中等技术学校的毕业生、唐·博斯科学院（五年）的毕业生或高等教育和科学研究部下属技术学院的尖子生。工业教育学院也曾尝试将理论教师和实践培训师的职责结合起来，但在实施和教师招聘阶段并未成功。这些培训师在上任之前须具备实际的行业实践经验，许多利益相关者认为这是弥合职业教育与行业需求之间差距的有效工具。

（二）成为生产和职业培训部的教师和培训师的途径

生产和职业培训部的教师和培训师通常是五年制中等技术学校的毕业生、生产和职业培训部附属的员工培训学院培养的尖子生、技术学院的毕业生或工程学院的毕业生。此前，所有教师都被要求具有至少三年的行业实践经验，但是尽管法规中现在仍有此规定，但在招聘阶段已不再适用。如今，教师应聘，需在生产和职业培训部附属的员工培训学院进行教学和能力评估。如果他们不能通过评估，他们就不能成为教师并获得行政职位。成功应聘者在上岗前会接受一系列的教学和技术培训。

（三）成为中等技术学院教师和培训师的途径

在技术学院内，教师和培训师大多是大学毕业生，其中约30％拥有研究生学位（包括工程学院或其他学院的博士学位），不同专业对教师或培训师的学位要求不同。这些技术学院还会招聘技术学院的毕业生作为实践培训师，担任车间主管。然而，由于公务员的招聘冻结，多年来，这些技术学院都没有实践培训师。培训师通常是从大学的顶尖毕业生中挑选出来的，并且在任命之前不需要进行任何具体的评估。

四、职业教育教师的培训机会

与其他职业教育提供者（生产和职业培训部、技术学院）相比，职业中学教师接受的培训主要与教师专业学院（Professional Academy for Teachers，PAT）规定的课程和证书关联，而不是基于实际培训和发展需要。

教师接受的在职技术教学和人际关系软技能培训，通常来自捐助者为目标学校提供的资助项目。这些项目往往是根据教师的实际需要设计的，也可以与捐助者提供的设备培训挂钩，还可以是基于捐助者支持开发的新课程。这方面最突出的例子是德国政府为双元制提供的长期培训、欧盟资助的职业教育与培训改革计划等。其中一些培训可以由国际培训师赴埃及提供，也可以在东道国进行。不过，捐助者培训的教师数量占教师总数的比例非常低。支持职业中学教师培训和其他发展活动的国家机构还有工业培训委员会。教育与技术教育部还为实践教师/培训师设立了一个运营培训中心，专门为五年制中等技术学校教师提供培训，培训新设备的使用技能。

在生产和职业培训部内部，初始入职培训的情况有所不同。刚入职的教师和培训师必须在该部附属的员工培训学院参加为期10周的教学课程和9—12周的技术培训课程。近期的规定是，服务三年后，教师和培训师应学习高级进修课程。该部还会根据具体培训需要，提供进一步的培训机会。国际捐助者会根据与埃及政府达成的协议，为教师提供在职培训。

对于中等技术学院，没有证据表明有针对讲师的系统入职培训或介绍培训计划。隶属于高等教育和科学研究部的埃及技术学院项目为中等技术学院提供支持，并为教师和培训师管理和资助提供大量短期培训课程。2012—2014年，埃及技术学院项目提供了100多门教学、技术和软技能培训课程，由外部机构和个人培训师来培训。中等技术学院向该项目提出他们的培训需求。培训主题包括以下几个方面：

- 培训师和演讲技巧
- 人力资源管理
- 领导力培训
- 团队建设技巧
- 数控
- 自动化控制
- 计算机辅助时装设计
- 旅游和酒店课程（包括食品和饮料课程）
- 库存管理
- 英语
- 信息管理系统
- 了解业务（创业技能）

- 维护管理
- 纺织机械
- 信息通信技术

第二节 埃及职业教育教师教育体系

一、埃及职业教育教师教育体系的一般特征

教育与技术教育部和教师专业学院是负责所有教师（包括职业教育教师）政策的主要机构。在实施政策时，教育与技术教育部和教师专业学院与省级教育局一起发挥重要作用。此外，在监督政策合规性方面，教育与技术教育部与省级教育局、国家质量保证和教育认证委员会、国家考试和教育评估中心共同合作。

教师专业学院设定了成为教师的条件。所有教师都可以参加并行培训（可以同时获得学科知识和教学技能）或连续培训计划（必须先获得学科知识，然后再学习教学技能）。

（一）核心学科教师教育

技术学校的教师，通常毕业于教育学院或相关专业的大学，并完成为期一年的强化教育文凭。这些教师的专业领域包括语言（英语、阿拉伯语）、科学、数学、历史、地理和化学。教育学院的学生在专业学科 / 领域的学习时间占 75%，外语学习占 5%，而教育学理论与方法的学习占 20%。录取标准方面，所有教育学院的申请者必须满足以下条件：在中学表现出色；获得埃及普通中等教育证书或中等技术教育证书；通过面试评估。中央招生局负责分配学生到教育学院，并设置入学考试，但基本上所有申请者都会获得及格分数并被录取。与申请其他专业学科（如医学或工程）相比，进入教育学院通常更容易。

（二）技术 / 实践教师和培训师教育

职业中学、生产和职业培训部、技术学院的技术 / 实践教师和培训师可以通过不同的途径接受初始教育，例如大学（工业学院、农业学院、商业学院、旅游学院等）、4 所工业教育学院或技术教育五年计划。

因此，各领域的职业教育培训师的从业资格各不相同，有些培训师甚至根本没有经过专业培训。培训师是否能从业似乎不取决于自身的能力，而是看其是否拥有学术学位，且其学术学位通常与其所教授的学科不一定相关。他们所采用的培训方法也非常传统，不以学生为中心。利益相关者建议埃及应该为顶尖毕业生或经验丰富的专业人士创造更多的教学职位。

二、埃及职业教育教师教育机构

（一）职业教育教师教育机构类型

职业教育教师可以通过多样化学术途径获得其职位，例如毕业于工业学院、农业学院、商业学院或旅游学院，或曾担任五年制中等技术学校或两年制中等技术学院的实践讲师。除此之外，还可以在两种类型教师专业初级教育机构接受教育，即教育学院和工业教育学院。

1. 教育学院

埃及有 26 所教育学院，隶属于不同的公立大学，受高等教育和科学研究部的监督。这些教育学院不仅培养了职业教育教师，也培养了普通教育教师，设有专门的职业教育教师指导部门，课程为期四年。从这些教育学院毕业并到职业中学或中等技术学校工作的教师大多数教授外语、数学、社会科学等核心科目。这些学院通常颁发文学学士学位，同时也提供研究生学位。教师专业学院正在同教育与技术教育部和教育学院密切合作，以确保教师教育课程能为学生提供所需的教师知识和技能。此外，教育学院负责为教师教育课程制定认证标准，这迫使提供教师培训的机构接受评估并获得认证，以确保其课程达到标准，并有潜力将学生培养成合格的教师。但是，没有文件或证据表明这一认证工作要求得到了落实。

2. 工业教育学院

20 世纪 90 年代初期，人们发现教育学院没有培训充足的技术教师，没有足够的车间和实验室开展实践培训，尤其是工程学科。因此，埃及在赫勒万大学和班尼苏维夫大学内各设立了一个工业教育学院，以解决这一问题。后来，又在苏伊士和索哈格分别建立了一个工业教育学院。

工业教育学院为学生提供四年制课程，并颁发经高等教育和科学研究部认可的学士学位。每年约有 1 000 名学生从工业教育学院毕业，专攻汽车、空调、电力、电子和工业生产等领域。90％的学生是职业中学或中等技术学校毕业生，其余 10％来自普通中等教育。并非所有工业教育学院的毕业生最终都成为职业教育教师，大多数毕业生最终在工厂成为技术工人。从大三开始，工业教育学院的学生们会在暑假期间到工厂工作，开始他们的实际在职培训，而到大四的时候，他们每周会到职业中学或中等技术学校授课一天。

（二）职业教育教师教育机构财政支持

公共部门仍然是教育服务的主要提供者。教师教育机构的经费属于政府公务员开支的一部分。教师教育投入的成本也难以量化。2008 年埃及教育公共支出达到 337 亿埃镑，占国家公共支出的 12％，而此前 2000—2001 财年占比为 17％，2005—2006 财年占比为 16％，2006—2007 财年占比为 12.5％。这种下降趋势表明，教育没有在埃及政府议程上得到应有的重视。埃及现行宪法规定，各级教育的支出不应低于 GDP 的 4％，并应逐步增加，以达到国际最佳水平。

埃及每名学生的平均公共支出约为 902 美元／年，与该地区其他国家相比，这是相当低的。

近几年，埃及政府出台了一些财政支持利好政策：增加教育与培训预算；努力将预算管理下放到省一级；政府部门与行业联合会合作，根据市场需求，为培训提供资金。

在职教师培训和短期持续发展计划，通常由从事涵盖职业教育与培训系统某些方面项目的国际捐助者提供补充资金。唐·博斯科学院被认为是产出和绩效方面良好的实践范例，该学院每年向每名学生收取一定费用，并从意大利大使馆和其他来源获得捐赠资金等。

（三）职业教育教师教育机构的质量保证

埃及职业教育教师教育机构的质量保证很难与埃及现有的整体职业教育与培训质量体系分开评估。尽管教师专业学院最终负责教学专业的质量，但它与其他机构（如国家质量保证和教育认证委员会）合作运作。还必须注意的是，虽然有管理教育质量保证的章程和立法，但因为这些文件相对较新，并且不断在修改中，所以政策执行还存在不到位的状况，有待进一步提升。

尽管多年来提高职业教育与培训的质量一直是一项重大的政策挑战，但埃及的职业教育与培训在传统上侧重于获取，而不是质量。埃及的《职业教育与培训改革战略草案》（2013 年）指出，"各级质量都很差"，"职业教育与培训缺乏国家评估、认证和质量保证体系"。该草案还指出，农业和商业职业教育与培训的质量不如工业，是由于缺少像工业教育学院那样的专业教师教育机构。

职业教育与培训质量保证的一个重要里程碑是国家质量保证和教育认证委员会的成立。大多数大学在内部管理认证过程，有些大学还得到了教育发展基金的支持；包括职业教育与培训在内的大学预备教育机构也都得到了质量保证部支持。质量保证部是教育与技术教育部的下设机构，直接向教育与技术教育部部长报告，负责支持地区和地方各级的质量部门，在国家质量保证和教育认证委员会认证过程中培养质量文化并支持学校发展。国家质量保证和教育认证委员会采用的质量保证框架解决了包括教师在内的该委员会机构内的人力资源问题，并符合国际基准，但它目前并不专注于学生评估，其制定质量标准时的决策模式见表 4.1。

表 4.1 制定质量标准时的决策模式

质量方面	责任	义务咨询
质量标准：学习环境	国家质量保证和教育认证委员会	大学工业联合会
质量标准：学习成果	国家质量保证和教育认证委员会	大学工业联合会
质量标准：教学	教师专业学院	国家质量保证和教育认证委员会
供应商认证标准	国家质量保证和教育认证委员会	大学工业联合会

国家质量保证和教育认证委员会已认证了约 4 130 所机构，约占埃及所有教育机构的 10%。获得认证的职业教育与培训机构数量不多，生产和职业培训部职业培训中心也不在该委员会的认证范围内。到目前为止，只有 11 所中等技术学校获得了认证（占 4 150 所院校的 0.27%）。这些机构都没有提供教师教育，这引发了社会对当前认证模式和质量保证框架对职业教育与培训环境的吸引力和适用性的质疑。

在对职业教育与培训及教师教育机构的质量保证方面，埃及最重要的举措是引入教师干部岗位和建立教师专业学院，以提高教师的专业水平，也为教师的专业发展提供总体框架。教师的职业生涯分为 6 个等级。从一个等级晋升到下一个等级的前提是完成教师教育课程、通过政府考试及其雇用机构的绩效评估。新任教师担任"助教"两年，达到晋级要求后，升级为"教师"（一级）；四年后，达到晋级要求，从"教师"升级为"一级教师"；然后逐一是"一级教师 A""专家教师""名师"。如果晋级，教学津贴会增加，公务员等级会提升，薪水也会更高。

任何参与教师培训（非长期教育）的组织，包括捐助者和非政府组织，都必须得到教师专业学院的许可。教师专业学院的许可标准重点关注设施状况、使用的教学材料和培训项目本身等方面。如果相关组织不遵守许可标准，教师专业学院可以随时撤销其许可证。

（四）职业教育教师教育机构支持

在埃及职业教育体系中，教师教育机构和研究机构在推动职业教育与培训教师的改革和发展中扮演着重要角色。埃及教育与技术教育部及其各部委负责大学前教育系统，包括普通中等教育和中等技术教育。这些机构在教育政策的制定和实施中发挥着核心作用，同时得到三个外部支持中心的助力。

（1）课程开发和教材开发中心：该中心专注于课程和教材的开发，确保教育内容与市场需求和技术进步保持同步。

（2）国家教育研究中心：该中心进行教育研究，提供政策建议和改进方案，推动教育创新和质量提升。

（3）国家考试和教育评估中心：该中心负责考试和评估体系的设计和管理，确保教育评估的公正性和有效性。

上述每个中心在与其他省级委员会合作时，都有自己的工作重点。这些中心通过研究和实践，为教育政策的制定提供科学依据和实际建议。研究机构在职业教育教师的培训和教育中也发挥着重要作用。研究机构通过深入研究教育理论和实践，能够为职业教育提供新的视角和解决方案。

教育体制改革不仅涉及课程和教材的开发，还包括教学方法、评估体系和教师培训等多个方面。这些改革直接影响职业教育教师的培养和职业发展。教师教育机构和研究生研究为职业教育教师提供了专业发展的机会。通过系统的培训和持续的学习，教师能够不断提升自己的专业技能和教学能力，更好地适应教育改革的要求。通过这些机构和研究的支持，埃及职业教育教师能够更好地适应教育改革的需求，提升教学质量和学生的职业能力。

三、初始和在职职业教育教师教育计划

（一）初始和在职职业教育教师教育计划的组织

正式的教师初始教育课程大多由大学相关院系组织，例如前面提到的教育学院和工业教育学院，学习四年制课程，可获得学士学位。课程内容通常由大学内的专门委员会制定，并由高等教育和科学研究部、大学最高理事会与教师专业学院协调批准。除了这些教师专业学院外，大多数技术教师和实践培训师毕业于大学技术学校、技术学院，并未接受过任何教学培训。

提供教师培训计划的非正规培训机构（如生产和职业培训部附属的员工培训学院或技术学院）通常有内部单位或部门，课程是通过专门委员会集中开发的，机构本身的参与有限。对于隶属于教育与技术教育部的大多数职业中学的教师，可以由教师专业学院或其批准的中心提供教学在职培训。教师接受在职培训主要是为了晋升到下一个教师级别。此外，一些职业中学教师通过国际捐助者资助的项目（负责课程和内容开发）接受技术或人际交往技能的在职培训。教育与技术教育部曾在开罗成立了培训中心，提供有关教育与技术教育部购买的或国际组织捐赠的新设备的五年培训课程，但该中心目前已停止运作。

（二）职业教育教师教育计划的实施：以教师专业学院为例

根据世界银行 SABER 系统（Systems Approach for Better Education Results，为了更好教育成果的测评系统）2010年报告，教师专业学院负责以下事项。

（1）制定国家教师培训课程，包括职前教育和培训计划。

（2）确保教师的可持续专业发展。

（3）根据国家标准授予教师执照，同时将晋升与执照要求挂钩。

（4）为师范教育课程设定认证要求。

（5）通过新制订的助理教师计划帮助新教师加强实践专业经验。

（6）实施新的教师指导计划。

教师专业学院还同教育与技术教育部和教育学院密切合作，以确保教师教育计划明确未来教师所应具备的标准。此外，教师专业学院强制执行机构的评估和认证制度，明确规定了培养中学教师的教育课程的法定期限要求：本科四年，其中 20％ 的时间用于学习教育学理论与方法，专业学科课程占 75％，语言课程占 5％。学科内容培训和教学能力培训之间的这种平衡令人欣喜，因为教师的学科知识与其有效性密切相关。

一些利益相关者认为，教师专业学院同国家质量保证和教育认证委员会都主要关注普通教育而不是职业教育，旨在打造专业化师资队伍的改革也存在立法与实际不一致的问题。教师原则上都应该通过相关考试，但在实际教育实践中，无论是普通教育系统还是职业教育系统，只有较低比例的教师通过了相关考试。许多利益相关者认为，自 2011 年以来，教师专业学院并没有像应有的那样活跃。

（三）早期职业支持和持续专业发展支持

不同类型的职业教育与培训机构为新教师提供的在职培训机会具有不同的特点。

国家实施的助教计划（2009—2010 年）旨在为职业教育教师提供早期职业支持和持续专业发展支持，但在实践运行中，并没有完全达到预期。新教师若想达到教师标准要求，至少应具有大约 2 年的实践专业经验及 1 年以上高度系统化的课堂教学经验。此外，该计划还包括对所有教师的强有力的指导：在完成为期 3—6 个月的入职培训后，新教师将参加为期 1—2 年的指导计划。这就要求资深导师不断对新教师进行评估和反馈，以促进他们达到教师标准要求。遗憾的是，这个指导计划并没有在职业教育教师中得到广泛实施，尤其是在那些教授技术学科的教师中。

总体上看，职业教育教师在持续专业发展方面获得的支持少于其他教师。

生产和职业培训部附属的员工培训学院负责为新入职培训师提供组织、资助和管理服务，制订初始入职培训计划及工作 3 年后的持续专业发展计划。隶属于高等教育和科学研究部下属技术学院的中等技术学院有一个专门的项目组织和资助教师的持续发展计划，但也仅限于早期职业支持计划。

专家和利益相关者普遍表示，埃及职业教育的主要挑战之一是职业教育与培训的提供者与企业雇主之间缺乏沟通，技能的供需存在很大差距。因此，职业教育教师和培训师应在这方面发挥主导作用。然而，旨在促进职业教育同企业之间联系的政策和行动往往侧重于让学习者接触行业。在最初的教师教育中，学习者很少参与基于工作的培训。这意味着他们可能缺乏实际工作经验和与行业相关的技能，这对于职业教育教师来说是非常不利的。教师在培训期间很少与行业或企业雇主进行沟通和互动。这种沟通的缺失可能会限制教师对行业需求和趋势的理解，影响他们教学内容的实用性和相关性。成为教师后，他们很少参与制定教师初级教育课程。这可能导致职业教育课程内容与实际教学需求脱节，教师无法充分反映行业的最新发展和需求。即使在学生实习期间，职业教育教师也不允许监督学生。这限制了教师对学生实际工作表现的了解和指导，影响学生的实践技能培养，这表明职业教育的监督和评估体系存在一定的局限性。另外，教师在职业生涯中可能缺乏持续的专业发展和培训机会。持续的专业发展对于教师保持其教学技能和知识的更新至关重要。教育体系与行业需求之间可能存在脱节，导致教育内容和实际工作需求不匹配。这需要教育政策制定者和行业领导者之间的更紧密合作，确保教育内容与市场需求保持一致。因此，需要改进教育政策和制度，以促进教师与行业之间的更紧密联系。这可能包括增加教师与企业的互动机会、改进教师培训课程，以及在课程制定中更多地考虑行业专家的意见。

通过解决这些问题和挑战，可以提高职业教育教师的培训质量，增强他们的实际教学能力，并确保教育内容与行业需求保持一致，从而更好地为学生提供高质量的职业教育。

第五章

埃及与发达国家的职业教育合作

　　在全球化的大背景下，职业教育作为培养高素质技术技能人才的重要途径，对于推动经济发展和社会进步具有重要意义。埃及作为一个历史悠久且资源丰富的国家，也是工业高度集中的国家，在汽车运用与维修、新能源、数控等领域对应用技术人才的需求量巨大。为了满足这些领域需求，埃及政府高度重视职业教育的发展，近年来在职业教育领域与欧美等发达国家展开了广泛的合作，旨在提升教育质量，培养更多适应市场需求的高素质技术技能人才。

第一节　埃及与欧洲国家的职业教育合作

　　欧盟援非教育政策持续时间长、援助范围广，在历史上可以分为四个阶段，即殖民地时期、欧共体时期、欧盟成立后、非盟成立后。就近现代而言，欧盟援非教育政策通过合作办学形式实施，提倡"两个联盟、一个视角"，并在此基础上形成非洲联合欧盟战略行动计划、两个非洲教育的十年计划。2014—2020 年，欧盟在"欧盟邻邦机制"（European

Neighbourhood Instrument，ENI）框架下向埃及提供的双边援助达 7.56 亿欧元，着重支持埃及实现经济现代化、能源可持续化，提高社会发展与社会保障水平，建设稳定和现代的民主国家。截至 2020 年底，欧洲复兴开发银行累计为埃及提供资金 73.16 亿欧元，涉及 130 个项目。

1998—2002 年，法国对非洲的援助增长较快，特别是 2002 年，从 2001 年的 19.52 亿美元增加到 28.5 亿美元，增长幅度为 46%。2001—2002 年，法国援助埃及资金为 1.84 亿美元，排在法国当年援助国家的第 6 位。2013 年，埃及与法国合作开办了第一家海事职业培训学校。2020 年，法国发展署与埃及国际合作部签署总额为 7.16 亿欧元的多项发展协议，包括法国大学重设计划、达米埃塔铁路线的贷款协议、赫勒万污水处理厂贷款协议等。

在过往的一段时期内，英国政府给埃及提供的发展援助约 1.2 亿英镑，涉及 35 个项目。英国与埃及借助双学位模式开展了侧重工程技术的跨境合作办学模式。例如，2003 年，埃及文学及现代科学十月大学与英国格林威治大学建立合作，成为埃及第一所提供双本科学位的私立大学，学生毕业时将获得两个大学分别颁发的学士学位。

德国政府近年累计向埃及提供了 21.3 亿欧元发展援助。2020 年，德国政府向埃及提供 8 000 万欧元赠款，用于支持可再生能源、能源效率、灌溉、水资源、卫生服务和固体废物管理等领域的合作项目。德国与埃及依托职业技术培训形式开展合作办学，由德国进行资金援助。2011 年，德国与埃及实施"债务互换计划"，将截至当时埃及对德国四年总计 3 亿欧元的债务资金重新投入埃及相关的发展项目，以帮助埃及完善职业教育、提升青年就业，并增加对埃投资。2019 年埃及-德国技术培训学院在埃及苏伊士运河经济区建成，成为该区域首个职业技术培训中心。该培训中心由德国西门子公司、德国经济合作与发展署、德国国际合作署联合建立，总投资 2 200 万欧元，可在 2019—2023 年为埃及苏伊士运河经济区约 5 000 人提供德国职业技术培训。此外，德国还与埃及签署了名为《穆巴拉克-库勒工程》的双重教育与培训体系协议。

第二节　埃及与美国、日本的职业教育合作

一、埃及与美国的职业教育合作

美国支持了埃及的职业教育与培训体系改革。例如，通过"技能提升计划"来改善埃及职业教育与培训的治理模式、更新课程，以及促进学生从学校到工作场所的过渡。此外，埃及教育与技术教育部、住房与公共设施部签署协议，设立多个专门的管道和排水系统技术学院，培养现代化污水站运营和维护的专业人才。

自 2015 年起，"美国-埃及高等教育计划"为埃及学生提供多种奖学金和提升机会，包括"当地私立大学奖学金""研究生专业人士奖学金""领导力机会——转型大学学生"等项目。这些项目不仅资助埃及学生攻读本科和研究生课程，还提供职业指导、英语培训和实习机会。

埃及政府制定了技术性职业教育改革计划，由人力资源和移民部部长、副部长组成监督委员会，目标是建立中心，确立公立、私营合作伙伴关系的法律先例，制定课程和培训材料，开展国际学习访问，以及培训教师。埃及教育与技术教育部还与美国集团签署协议，在中等技术学校引入快餐店专业，学生在美国集团快餐店接受实践培训，并获得丰厚奖金和意外保险。

自 1978 年以来，美国一直向埃及提供教育援助，金额达 17 亿美元。此外，埃及和美国签署了多项发展融资赠款协议，总价值约 9 亿美元，用于实施教育、高等教育、中小企业、旅游业、农业等方面的优先项目。

"美国-埃及高等教育计划"还包括引入跨文化学习模块以促进埃及社会经济进步，并为支持女性和残疾人设立奖学金。美国还通过教育改革计划支持埃及教育与技术教育部，采用引入现代教学方法、加强学校管理和社区参与等方式来提高学校教学质量，并在 85 所实验性公立初级中学开展"技术用于改善学习成果"的项目。

二、埃及与日本的职业教育合作

日本对外援助的重点是进行农业、工程、医学等领域相关的职业技术教育培训，重视对受援国进行技术技能人力资源培训与开发，主要援助项目多为数学、科学、技术相关学科的内容，相关学科外派专家占日本海外外派专家的31%，拨款资金约占总拨款的22%。1997—2000年，日本对埃及展开"初等教育中创新课程发展的微型项目技术援助"项目，其主要内容为数学、科学、技术教育。

2006年，日本与埃及合作建立技能培训中心。2010年，日本与埃及联合开办埃及-日本科学技术大学，旨在通过对工业企业相关标准应用教育的研究，为中东、非洲国家普及日本科学技术，培养掌握日本科学技术技能、认同日本科学技术标准的技术技能型产业人才。

日本资助埃及创业课程计划，该计划旨在传授师资创业教育理论和实践知识，培养中等技术学院学生的创业意识与观念，以服务当地社会经济发展需求。2014—2015年，该计划培训埃及师生共计2 100余名。

第六章
埃及与中国合作建设鲁班工坊

第一节　建设背景与过程

　　2018 年 9 月，习近平主席在中非合作论坛北京峰会上提出，在非洲设立 10 个鲁班工坊，向非洲青年提供职业技能培训；2019 年 4 月，习近平主席在会见埃及总统塞西时强调，中国将在埃及设立鲁班工坊，向埃及青年提供职业技能培训；2021 年，习近平主席在中非合作论坛第八届部长级会议上再次指出，中国将继续同非洲国家合作设立鲁班工坊，鼓励在非中国企业为当地提供不少于 80 万个就业岗位；2022 年 2 月，习近平主席在会见埃及总统塞西时再次强调，中埃双方还要共同引领中阿（拉伯）、中非集体合作，加快打造面向新时代的中阿命运共同体，推动中非合作论坛"九项工程"取得更多早期收获，促进非洲发展振兴。埃及鲁班工坊建设已经上升为国家发展战略，也是不断深化中非合作的重要任务，天津轻工职业技术学院、天津交通职业学院和埃及艾因·夏姆斯大学、埃及开罗高级维修技术学校共同承担了埃及鲁班工坊建设任务。

　　在两国政府的高度重视和支持下，天津轻工职业技术学院于 2018 年初牵头进行了埃及鲁班工坊建设调研及顶层设计。2018 年年底，与天津交通职业学院联合埃及艾因·夏姆斯大学、埃及开罗高级维修技术学校共建的两个埃及鲁班工坊启动建设，占地 1 820 平方米。其中，艾因·夏姆斯大学鲁班工坊位于艾因·夏姆斯大学工程学院内，占地约 1 200 平方米，建有数控设备应用与维护、新能源应用技术、汽车运用与维修技术 3 个专业实训室，以及 1 个电脑鼠实训区；开罗高级维修技术学校鲁班工坊位于开罗高级维修技术学校内，占地约 620 平方米，建有数控加工技术和汽车维修技术 2 个专业实训室，以及 1 个电脑鼠实训区，首次实现了工坊内的中高职有效衔接。

埃及鲁班工坊的建设，以工程实践创新项目（Engineering, Practice, Innovation, Project，EPIP）为教学模式，以创新开发的国际化专业教学标准为基本依据，以全国职业院校技能大赛赛项装备为重要载体，以"师资培训先行"及教学资源为必要保障。建成后，对当地学生和企业员工开展学历教育、技术技能培训，可为埃及培养适应当地经济社会发展需要的技术技能人才。

第二节　建设模式与标准

埃及鲁班工坊提出了鲁班工坊建设程序"六步骤"及建设模式标准，并构建了"一体、两翼、四方联动"的建设与运行模式。

一、建设程序"六步骤"

建设程序"六步骤"是指：遴选境外合作院校、确定合作专业及建设场所、开发课程标准与配套教学资源、培训境外鲁班工坊教师、安装调试实训室设备、鲁班工坊揭牌启运。

二、建设模式标准

建设模式标准包括合作国院校遴选标准、合作专业确定标准、实训场地建设标准、教学装备建设标准、外方教师培训标准、国际化教学资源建设标准。

（一）合作国院校遴选标准

合作国院校应具有非常强烈和积极的合作、共建愿望，院校各级行政主管认同鲁班工坊的建设理念与核心内涵，当地政府对于鲁班工坊建设抱有极大的热情和支持。合作国院校在场地、办学规模和办学条件方面具有明显优势，能够为项目建设提供合适的独立空间和配套设施。

（二）合作专业确定标准

合作专业是由外方院校根据输入国当地经济产业发展需求提出，国内匹配的专业须能代表我国职业院校一流水平；外方院校能够为合作专业建设提供充足的专业教学活动空间及各种展示功能；外方院校应具备基本的专业教学基础设施，满足建设专业所需要的基础实验实训条件、教学相关基本用具及水电配套条件等；外方院校有相应专业教师，教师应具备相关专业基础知识或者相关教学工作经验。

（三）实训场地建设标准

一般工科实训室面积应大于 300 平方米，数控、汽车等需要大型设备的专业实训室应当至少有 500 平方米；空间布置应当体现"理实一体化"的教学要求，遵循 EPIP 教学模式的基本原理，教学区与实训区的空间分割符合教学模式要求，且能够容纳一定规模的学生同时接受实训教学，并根据建设目标预留有相应的发展空间。同时，鲁班工坊建设应有统一的标志与场地装饰。

（四）教学装备建设标准

鲁班工坊教学装备应代表中国相关领域设备和技术的先进水平，能够满足相关专业实验、实训及综合实训的教学要求，或为中国职业院校技能大赛指定装备，同时应有中国自主知识产权，能够代表中国行业企业先进水平，可以为学生进行相关专业校内实训创造优越条件。

（五）外方教师培训标准

合作国院校选派的教师必须经过中方合作院校培训，一般要到中国接受至少 5 周的集中培训，总课时数不少于 150 个学时。这些教师回国后还要继续完成相关的培训，教学时长为 1 周。外方教师应具有本科及以上学历并具有一定的企业经历，在中国的培训内容包括中国先进的职教模式、实训教学、理实一体化教学、行业企业参观学习和专业教学资源合作研发五个教学模块，相关内容由中方院校结合具体专业设计。

（六）国际化教学资源建设标准

国际化教学资源建设标准包括专业教学标准、核心课程标准和专业教材开发。

（1）专业教学标准是以中方院校专业原有教学标准为依据，结合合作国院校的实际进行制定，具备国际先进水平。

（2）核心课程标准是由中外双方专业教师根据合作专业的核心专业课程、实训教学的要求合作开发，教学资源包括专业教学资源库、视频资源和教材等。

（3）专业教材开发是以核心课程标准为依据，结合鲁班工坊学历教育与职业培训的实际需求，体现理实一体化和模块化教学要求的双语专业教材。

三、"一体、两翼、四方联动"的建设与运行模式

经过多年研究与实践，埃及鲁班工坊构建了"一体、两翼、四方联动"的建设与运行模式，已成为非洲鲁班工坊建设的标杆。

（一）一体

"一体"指以支持埃及职业教育改革发展，培养技术技能人才为主体。埃及鲁班工坊建设的核心目的就是向埃及青年提供职业技能培训。围绕这个核心目的，在建设初期中埃双方教育部和合作院校以埃方需求为导向进行了深入沟通，先后多次互访，就中埃职业教育合作特别是埃及鲁班工坊建设进行研讨。中埃双方先后召开了 2 次中埃职业教育合作与交流研讨会，针对鲁班工坊的定位和功能确定及发展进行了深度交流并达成共识，为鲁班工坊的快速建设奠定了良好的基础。

（二）两翼

"两翼"指打造中埃人文交流与国际产能合作桥梁。埃及鲁班工坊实训室建设、国际化专业建设、国际化教学资源建设和师资培养等始终围绕三点进行：支持埃及职业教育改革发展，支持中埃两国的人文合作交流，支持在埃中资企业的国际产能合作。在埃中资企业及中国国内企业参与了埃及鲁班工坊的项目调研、实训室建设、设备安装调试、师资培训、人才培养方案制定、教学资源建设、校外实训基地提供、学生就业等各个建设环节。埃及鲁班工坊充分考虑埃及当地技术技能人才的需求和职业教育的发展实际，本着平等合作、优质优先、强能重技、产教融合、因地制宜的理念，为埃方提供高水平的实训教学设备，与埃方共同开发和建设特色国际化专业，培训师资队伍，为当地青年提供技术技能培训和学历教育。

（三）四方联动

"四方联动"指政府、园区、企业及院校联动，四方合作建设。政府联动即中埃双方政府联动，埃及鲁班工坊建设与发展始终得到中埃两国各级政府的高度重视和全力支持，埃及教育与技术教育部和天津市领导分别 4 次亲临埃及鲁班工坊考察，对埃及鲁班工坊的建设效果给予了高度肯定。园区联动即天津海河教育园区与中埃·泰达苏伊士经贸合作区合作联动，天津海河教育园区为国家现代职业教育改革创新示范区，中埃·泰达苏伊士经贸合作区为我国在埃及境内综合环境最优、投资密度最大、单位产出最高、中资企业最密集的园区，依托埃及鲁班工坊建设，实现了双方园区教育链、人才链与产业链的有机衔接。企业联动即埃及泰达特区开发公司、中交一公局集团有限公司等中埃两国企业，经埃及鲁班工坊联合，积极服务国际产能合作，并建立了有效的沟通与合作机制。

第三节　建设内容及成效

　　埃及是首个与中国建立教育合作关系的阿拉伯国家。1956 年中埃建交后，两国的教育合作成果丰硕，实现了高层交流、大学和学院交流合作项目及留学生交流等多种形式的交流。中埃两国以"五个机制"为基础开展教育合作，这五个机制包括孔子学院文化交流机制、中非合作论坛框架下的 20＋20 高校（即中非各选拔 20 所院校）合作计划机制、高等教育与科研研讨会机制、中阿合作论坛框架下的中阿关系与中非文明对话机制、中阿博览会框架下的中阿高校校长论坛机制。

　　近几年，中埃职业教育合作发展迅速。中国广泛吸纳埃及学习者来华访学，例如中国商务部主导，各部委、职业院校、科研机构承办了各级各类援外职业教育培训班，面向矣及等非洲国家进行职业教育培训。中国众多大中专院校与埃及开罗大学、亚历山大大学、艾因·夏姆斯大学等签订合作交流协议、举办合作交流项目等，多所职业技术学院与埃及的大学达成合作。

　　埃及鲁班工坊是非洲鲁班工坊的标杆和样板间工程。自埃及鲁班工坊建设以来，中埃两国政府将鲁班工坊融入国民教育体系，作为两国合作与共同发展的重点，深入探索中高职衔接的职业教育体系构建，致力于打造中非职业技术教育合作的新模式。埃及高等职业院校数量较少，职业教育体系相对欠完善，因此不能满足培养大量高素质技术技能人才的需求，而埃及鲁班工坊的建设填补了埃及职业教育体系中的"短板"，在埃及同时建立中高职两个鲁班工坊则进一步增强了埃及高等职业教育层次的办学实力，优化了埃及职业教育体系。

一、基础建设

埃及鲁班工坊建设充分展示了中国职业教育产教融合及校企合作的办学模式。在埃及的中资企业及中国国内企业参与了埃及鲁班工坊建设的各个环节。

（一）项目调研阶段

自2018年12月以来，天津轻工职业技术学院积极与中非泰达投资股份有限公司等在埃企业多次举行洽谈，在当地寻找合作企业及合作院校。2019年1月，天津轻工职业技术学院领导率团出访埃及，同天津市教委团先后拜会了中国驻埃及大使馆、埃及高等教育和科学研究部、教育与技术教育部，以及相关大学和中资企业，进行了广泛调研。在鲁班工坊建设前期的调研阶段，中埃·泰达苏伊士经贸合作区为项目建设提供了精准的埃及产业发展人才需求信息，以及在埃中资企业用人需求信息等，这是科学设置专业、保证职业教育与市场需求匹配的重要前提。

（二）实训室建设

艾因·夏姆斯大学鲁班工坊建设了3个专业实训室，分别为数控设备应用与维护实训室、新能源应用技术实训室、汽车运用与维修技术实训室，另有一个70平方米的电脑鼠实训区。中方学校及企业负责实训室的装修设计，艾因·夏姆斯大学负责根据中方设计对实训室进行具体装修。

开罗高级维修技术学校鲁班工坊建设的数控加工技术和汽车维修技术2个专业实训室，各275平方米，另建有一个70平方米的电脑鼠实训区。中方学校及企业负责实训室的装修设计，开罗高级维修技术学校负责根据中方设计对实训室进行具体装修。

（三）设备安装调试

2019 年 12 月 7 日至 12 月 12 日，天津轻工职业技术学院、天津交通职业学院联合中方企业共同出访埃及，访问了中国驻埃及大使馆、埃及教育与技术教育部、艾因·夏姆斯大学和开罗高级维修技术学校，考察了两个鲁班工坊基础设施改造的完成情况，落实了两个鲁班工坊室内外装饰的问题。2019 年 12 月 28 日，天津轻工职业技术学院、天津交通职业学院的专业教师及中方企业工程师联合团组 26 人飞赴埃及，受命完成埃及鲁班工坊的设备安装与调试、实训室装饰等任务。

（四）人才培养方案制定

天津轻工职业技术学院、天津交通职业学院联合中非泰达投资股份有限公司、中交一公局集团有限公司等签署了埃及鲁班工坊校企合作备忘录。企业积极参与埃及两个鲁班工坊的人才培养方案制定，与埃及教师共同研讨确定鲁班工坊项目初中高级培训大纲及培训课程标准，提出先进技能标准、人才培养标准，指导埃及鲁班工坊人才培养。

二、师资队伍建设

鲁班工坊模式是按照中国的职业教育标准培养合作国家教师，教育当地学生，因此埃及鲁班工坊非常重视师资队伍建设。天津轻工职业技术学院、天津交通职业学院联合中方企业精准分析埃及教师的基本情况，共同制定埃及鲁班工坊师资培训方案，由中方学校"双师型"骨干教师、企业工程师、能工巧匠共同组成教师团队。通过专家讲座、技能训练、企业实践、文化考察等方式，让埃及教师感受中国职业教育，体验 EPIP 教学模式，领略中国先进技术和职业教育理念，学习先进的专业知识和技能，提升自身综合能力，为实现埃及鲁班工坊的可持续发展奠定坚实的基础。

（一）中埃双方院校建立专业教师沟通机制

为了全面推进埃及鲁班工坊的运行，合理利用鲁班工坊软硬件资源，提高人才培养质量，中埃双方建立了专业教师沟通机制，旨在为双方专业教师团队搭建沟通平台，增进相互间技术层面的交流和沟通，确保鲁班工坊的可持续发展。中埃双方每个专业各出一名专业教师组成鲁班工坊专业教师交流小组，鲁班工坊运行初期每两周召开一次小组例会，运行稳定后每季度召开小组例会，进行培训及设备使用经验汇总与问题交流。

（二）定期进行递进式师资培训

埃及鲁班工坊建设的一个重要环节就是帮助埃及培养能够独立教学的师资力量。培训模式为在中国培训埃及教师，埃及教师回国后培训本国学生。埃及选派优秀的教师到中国进行递进式师资培训，一般三年为一个周期，每年每个专业派 2—5 名专业教师到中国进行浸入式师资培训。鲁班工坊在培训埃方教师方面做了充分准备。中方学校为埃及教师开发定制式培训项目，相关企业也积极参与培训工作，学校教师及企业工程师教学时长比达到 1∶1，并每周安排埃及教师到生产型企业进行体验性培训，使埃及教师能够深度了解企业用人需求，获得独立开展职业教育理实一体化教学的能力。经过三年的递进式培训，埃及合作院校将储备多名具备"双师素质"的骨干教师，保证了共建专业的可持续发展。截至 2021 年，针对埃及参培教师共举办了 3 次师资培训，其中包括 2 次在华的长期培训及 1 次在埃及鲁班工坊现场的师资培训。

（三）埃及专业教师来华进行短期培训

2019 年 6 月至 7 月，艾因·夏姆斯大学的专业教师来华参加了为期 5 周的鲁班工坊 EPIP 师资研修培训，培训专业为数控设备应用与维护专业、新能源应用技术专业、汽车运用与维修技术专业。2019 年 9 月至 10 月，2 名开罗高级维修技术学校的教师来华参加了为期 4 周的鲁班工坊 EPIP

师资培训，培训专业为数控加工技术专业和汽车维修技术专业。

天津轻工职业技术学院、天津交通职业学院针对合作专业，联合企业共同制订周密、具体的培训方案，成立专门的培训组织机构，配备由专业技能精、责任心强的班主任和"双师型"骨干教师、企业工程师培训团队及职业教育专家组成的强大的师资队伍，采用理论学习、实践实训、企业实地考察、文化交流等方式，结合埃及教师的专业背景与从教经历，分析制订教学内容、设计教学衔接、开发双语培训教材，采用 EPIP 教学模式对埃及教师进行定制培训。为了使埃及教师更加深入地了解行业企业现状及需求，能够培养出更加符合当地劳动力市场需要的技能人才，天津轻工职业技术学院、天津交通职业学院安排埃及教师于在华培训期间每周到企业进行体验式学习及培训。埃及教师先后到天津津荣天宇精密机械股份有限公司、长城汽车股份有限公司、天津汽车模具股份有限公司、宜科（天津）电子有限公司等多家企业学习考察，这期间的学习为埃及教师了解中国企业的发展及校企合作方式提供了多种途径。

（四）中方团队赴埃及提供培训

2019 年 12 月底，埃及鲁班工坊中方团队赴埃及进行现场培训。专业教师及企业工程师共同进行现场实操培训，旨在为埃及鲁班工坊的顺利运行储备高水平的师资及专业带头人。在不断深入学习的过程中，埃及教师逐渐认同了中国职教模式，对中国职业教育、EPIP 教学模式、中国职业技能等级标准、中国教学仪器设备的认可度日益提高，学习的积极性均有大幅度提升。

（五）积极开展科研工作

埃及鲁班工坊在建设过程中坚持研究与建设同步推进，中方教师积极参加科研工作，总结建设经验。通过高质量科研课题、研究成果等载体，依托项目建设实际，进一步夯实了鲁班工坊建设的理论依据，并创造性地提出了特色化的建设模式标准，提升了鲁班工坊建设的科学性。在建设过程中，天津轻工职业技术学院于 2021 年顺利完成全国教育科学"十三五"规划 2018 年度教育部重点课题"'一带一路'视域下海外鲁班工坊建设的标准化模式研究"，成果在全国教育科学规划领导小组办公室官网上公示，被天津市鲁班工坊研究与推广中心采纳，并在海南举行的"高端技能型、应用型人才联合培养百千万交流计划"混合培训班、"产教融合创新与实践长三角峰会"等会议上进行了分享，受到与会者的广泛认可。2020 年 3 月到 11 月，天津轻工职业技术学院完成了中国联合国教科文组织全国委员会委托的课题研究项目"中国高等职业教育与非洲合作研究"的子课题"中国高等职业教育与非洲合作研究——埃及国别研究"。该课题以埃及鲁班工坊为依托，对埃及职业教育进行了探索与研究，并在广泛调研的基础上，针对性地提出中国与埃及职业教育合作的建议与对策，研究成果被中国联合国教科文组织全国委员会秘书处采纳；学校领导主持申报教育部与山东省部省共建国家职业教育创新发展高地鲁班工坊研究与实践课题，被批准立项；在教育部、天津市教委和国内外论坛及接待学访中做典型报告 150 余次，主要核心观点和方法被天津市鲁班工坊研究与推广中心的有关文件采纳；建成全国唯一的鲁班工坊建设·体验馆并详解了成果的主要内容，得到国家领导人、教育部领导、外交部领导、天津市委领导、天津市政府领导、天津市教委领导、多国驻华使节的肯定。

三、专业建设

2018 年 12 月，经天津市委、市政府同意，在天津市教委及中国驻埃及使馆直接领导下，应埃及高等教育和科学研究部、教育与技术教育部的要求，天津轻工职业技术学院携手天津交通职业学院，与埃及艾因·夏姆斯大学和开罗高级维修技术学校分别合作建设了两个埃及鲁班工坊，共建五个国际化专业，首创在一个国家建设两个鲁班工坊的先河。其中，艾因·夏姆斯大学鲁班工坊建有数控设备应用与维护实训室、新能源应用技术实训室、汽车运用与维修技术实训室和电脑鼠实训区，设置数控设备应用与维护、新能源应用技术、汽车运用与维修技术三个高职层次专业；开罗高级维修技术学校鲁班工坊建有数控加工技术、汽车维修技术两个专业实训室和电脑鼠实训区，设置数控加工技术和汽车维修技术两个中职层次专业。

四、教学模式建设

埃及鲁班工坊采用 EPIP 教学模式，以培养学生的工程素养和技术素养为宗旨，探索职业教育与普通教育横向互通，实现两者在教学资源、教学模式、师资建设、课改成果等方面的创新与融合，从而为学生多元发展搭建成长平台。埃及鲁班工坊根据开罗产业发展与学校专业设置开发制定了数控设备应用与维护专业、新能源应用技术专业、汽车运用与维修技术专业、数控加工技术专业、汽车维修技术专业的人才培养方案，各专业人才培养方案均以技术技能为基础，以企业岗位需求为目标，教学内容设计则以工作过程为向导，以典型工作任务为基点，以操作技能和职业素养为一体，结合埃及合作院校实际不断嵌入世界先进的现代教学方法，输入中国多年凝练的职业教育办学模式，树立了埃及职业教育样板。

五、教学资源建设

中埃双方共同开发 5 个专业的专业标准和课程标准，出版 5 本专业双语教材及相关教学资源，形成了完整的专业教学和实训体系。天津轻工职业技术学院利用主持建设国家级新能源专业教学资源库的优势，为埃及鲁班工坊提供了国内新能源领域最先进、最优质、最完整的线上线下教学资源，提供了中埃双方共同认可的课程标准和双语教材。中方院校与在埃中资企业共同按照体现埃及产业特点的国际化职业标准实施合作，使埃及鲁班工坊更具国际化、多元化和本土化特色。

中埃师资团队共同制定了合作建设专业的初、中、高级人才培养大纲，初级课程时长为 320 课时，中级课程时长为 240 课时，高级课程时长为 160 课时，课程成绩计入学分，以期推动构建中高本衔接的鲁班工坊课程体系。同时，鲁班工坊还提供企业员工培训，并为开罗周边中高职学生提供体验性短期培训。

鲁班工坊的学生考核与评价采用过程性考核和终期考核相结合的方式，过程性考核以课堂表现为依据，终期考核则针对培训表现进行内部评价，总成绩中理论占 30%，实操占 70%。向得分高于 50 分的学生颁发证书，并确定其职业资格等级。

六、人文与学术交流

中埃双方积极落实两国领导人关于加强两国文化与教育交流的有关要求，各自组织不少于 5 所职业院校和 5 家企业作为联盟发起单位，成立"中埃职业教育联盟"，搭建两国优质产业和职业教育的对话与沟通平台，固化两国职业院校、在埃中资企业和埃方企业的交流，建立合作机制，使两国职业教育交流与合作常态化和多样化。通过联盟的工作不断推动、完善埃及鲁班工坊建设，使之成为中国优质职业教育资源国际化办学的典范，推动中埃两国广泛、深入的人文交流，实现两国优质产业与职业教育资源的共同发展。

埃及鲁班工坊的建设受到了多方肯定，埃及高等教育和科学研究部副部长、教育与技术教育部副部长、艾因·夏姆斯大学校长、埃及驻中国大使高度肯定了鲁班工坊在埃及实用人才培养方面的贡献；天津市副市长、中国驻埃及大使馆大使指出，鲁班工坊是两国元首共同关心、两国职业教育深度开展合作的标志性成果。截至目前，在非洲已建成的鲁班工坊中，埃及鲁班工坊建设走在了前列，规模最大，专业数量最多，拓展延伸功能最完备，内生发展动力最强。埃及鲁班工坊建设和运行引起了广泛的社会关注，吸引了人民网、新华网、凤凰网、今晚报等 12 家国内媒体和宪章报、国家报、埃及人报、今日新闻等 5 家埃及主流媒体争相报道。2020 年 12 月 20 日，埃及《宪章报》发表中国驻埃及大使廖力强的署名文章《中埃职业教育牵手联合培养技能人才——写在埃及鲁班工坊启动运营之际》，该文章指出，将埃及鲁班工坊建成非洲鲁班工坊的标杆和样板工程，打造中非职业教育合作的新模式，使埃及鲁班工坊在中非职教合作中发挥更大作用，为中埃两国的友好往来，推动两国经济合作发展做出新的更大贡献。

七、国际产能合作成果丰硕

2020 年，经天津市教委批准，在教育部职业技术教育中心研究所（现更名为教育部职业教育发展中心）的指导下，全国唯一的非洲职业教育研究中心成立，搭建了国内研究非洲职业教育的平台；2020 年，46 国驻华使节前往天津轻工职业技术学院考察交流，引起国内外主流媒体的高度关注；2021 年 2 月，天津轻工职业技术学院策划并通过线上会议形式主办埃及鲁班工坊产教融合工作会暨中资企业赴埃及投资推介会，为中资企业"走出去"搭建实体桥梁，进一步深化国际产能合作，共有 23 家在埃中资企业及计划赴埃发展的企业参加了推介会，会后 10 家企业当场表示赴埃投资的意向；2021 年 12 月 30 日，由天津轻工职业技术学院、天津交通职业学院、艾因·夏姆斯大学、埃及泰达特区开发公司携手共建的埃及鲁班工坊培训就业基地揭牌，成为埃及青年专业技能实践的重要平台。

以埃及鲁班工坊为依托，天津轻工职业技术学院还加入了教育部国际合作与交流司（港澳台办公室）确定的"中非职业教育合作项目"，成为中非应用型人才联合培养项目的首批试点院校。迄今为止，已培养埃方职业院校教师 32 人次、学生 300 余人，为在埃中资企业培训员工 50 人次，成为埃及教育与技术教育部发布的《TE2.0 改革》中的"卓越基地"试点。

第四节　主要特色与创新

在研究与实践中，埃及鲁班工坊提出并实际应用的建设程序"六步骤"、"一体、两翼、四方联动"的建设与运行模式标准均为首创，主要特色可归纳为"五个第一"和"五个最"，创新之处颇多。

一、主要特色

埃及鲁班工坊在建设与实践中做到了"五个第一"：第一次提出规范

的鲁班工坊建设流程，第一次归纳总结出鲁班工坊的建设模式标准，第一次提出"一体两翼"的鲁班工坊核心功能，第一次提出鲁班工坊可持续发展的基本路径，第一次依托教育部与天津市共建协议在国内成立了非洲职业教育研究中心。

埃及鲁班工坊在建设与运行中实现了"五个最"：场地建设面积最大，做到了实训室建设总面积超过 2 000 平方米，一期二期建设共投入约 3 200 万元；开设专业数量最多，做到了在一个国家设立两个层次不同的鲁班工坊，体现了中非职业教育合作的办学体制，同时开设数控设备应用与维护等 3 个高职专业、数控加工技术等 2 个中职专业；师资培训层次最高，做到了经过培训的埃方师资可以满足中、高、本不同层次的学历教育与技术技能培训的需要；国际化标准最完备，做到了构建中高职衔接的现代职业教育体系，中埃共同开发适应当地需求的 5 个国际化专业教学标准、30 门国际化课程标准，以及 12 套初、中、高级人才培养大纲，并将"中文＋职业技能"项目融入埃及鲁班工坊建设；立体化教学资源最丰富，建成了具有埃及职业教育最高水平的 5 个综合实训室，开发了配套的 14 本国际化双语教材及立体化教学资源。

二、创新之处

（一）理论应用创新

埃及鲁班工坊建设应用比较经济学理论、协同学理论等相关理论，做到了建设模式有依托、运行管理有规则，在中国优质教育资源向非洲"输出"中形成了中埃合作交流的内部聚合力和鲁班工坊持续发展的内生动力；在追赶和拉动作用下产生并逐渐放大鲁班工坊效应，由支持埃及职业教育发展，逐渐拓展到国际产能合作和人文交流；创立的基础理论为建立鲁班工坊的基本概念、内涵、核心要义、功能范围、建设模式标准和运行模式标准提供了支撑。

（二）建设模式标准创新

埃及鲁班工坊建设提出了合作院校、合作专业、实训场地、教学装备、外方教师培训与国际化教学资源、中外校企协同方面的建设模式标准；构建了埃及中、高、本三阶衔接办学体制，增强了埃及高等职业教育层次的办学实力。鲁班工坊的建设模式标准为国内首创并得到普遍认可，已成为鲁班工坊建设的样板。

埃及鲁班工坊首创的"一个国家建两个鲁班工坊"模式，创新打造出中高职贯通式鲁班工坊职业教育体系，助力埃及构建完整的职业教育体系，以期最终建成"5 年中等技术教育 + 2 年高等职业教育"的技术技能人才培养体系，学生在完成开罗高级维修技术学校鲁班工坊汽车维修技术专业或数控加工技术专业中职层次的学习后，可升入艾因·夏姆斯大学鲁班工坊汽车运用与维修技术专业或数控设备应用与维护专业进行高职层次的学习，毕业后可取得艾因·夏姆斯大学本科文凭。在一个国家同时建立中高职两个不同层次的鲁班工坊，使中、高、本共同纳入埃及国民教育体系，为完善和补齐埃及职业教育体系的"短板"做出了贡献。

（三）优质教学资源输出，支持合作国职业教育的创新

实体化实训教学装备与虚拟仿真教学资源同步输出，线上线下教学资源同步建设。在输出实体化教学装备的同时，同步输出具有国内先进水平的全套的虚拟仿真系统，提供了定制式立体化的虚拟现实实训教学环境；新能源国家级教学资源库 4 门课程、教材等国内优质教学资源全部上线，数控加工技术等 24 门网络视频公开课和相应的高水平线上资源为实现线上线下混合式教学提供了条件。在新冠肺炎感染疫情期间，中埃双方的线下教学受到一定影响，但依托和利用优质线上教学资源，鲁班工坊的教学运行始终没有中断。

第七章
埃及职业教育面临的挑战与发展建议

第一节　埃及职业教育面临的挑战

一、埃及职业教育与培训体系面临的挑战

在过去的 15 年里，埃及的职业教育与培训体系受到了广泛的评估和分析。埃及职业教育取得了一些重要进展，包括以下几个方面。

（1）国家提升了对职业教育与培训重要性的认识并做出更多承诺。

（2）成功试行职业教育与培训的有效方式，例如双元制系统。

（3）建立新的机构来支持职业教育与培训系统，例如国家技能标准项目、国家质量保证和教育认证委员会、教师专业学院和企业职业教育与培训合作伙伴关系。

然而，尽管有这些发展，利益相关者（尤其是雇主）的普遍共识是，埃及职业教育与培训体系仍然非常薄弱且相当松散。

埃及职业教育与培训体系面临的主要挑战可以概括为以下三点。

（一）职业教育与培训体系的治理和融资

埃及政府虽然将职业教育与培训作为国家经济发展的优先事项，但实际执行中存在一些问题和挑战。例如，主要利益相关者的角色和职责仍然分散，没有明确的领导和统一的战略；行业和雇主在塑造和实施职业教育与培训优先事项方面的参与度有限。

一个显著的挑战是在资金方面，由于大部分项目需要公共资助，因此需要大量投资才能实现目标。但如果没有持续的中期承诺，职业教育机构将不得不将大部分预算用于经常性支出（如工资），几乎没有剩余资金用于制定解决优质教育和培训的计划。另外，由于管理部门和教学组织以及不同公共职业教育与培训提供者之间缺乏协调，这也导致了资源使用的低效或误用。

另一个显著的挑战是财务管理和基于结果的资金安排薄弱，导致公共资金的规模和业绩之间不一致。埃及政府已经采取了一些措施来改善这种情况，例如通过欧盟和埃及政府共同资助的两个职业教育改革项目来改善职业教育治理模式、更新课程并促进学校到工作场所的过渡。

此外，埃及还制定了"埃及2030年愿景"，重点关注提升技术教育，鼓励私营部门参与、提高设施质量、建立有效的劳动力市场信息系统等。但这些努力仍需时间自我完善和发展，才能真正发挥效果。

（二）职业教育与培训体系的质量和相关影响因素

接受职业教育与培训被学生和家长视为第二选择，主要为上大学铺路，因此陷入了低尊重、低质量、低业绩的恶性循环。埃及的职业教育除了要努力改善自身形象和地位之外，还需要建立一个连贯、结构清晰、机制透明、沟通良好的国家质量保证体系，需要在课程和教学方法、实践学习、专业数量和类型方面实现合理化，需要在提高教师、培训师和管理人员的能力和就业条件，以及升级基础设施和过时设备等方面加大投资。

政策制定者非常清楚劳动力市场中现有的技能供需不匹配的问题，但这种认知尚未转化为明确的愿景，未能将促进青年提升就业能力和终身学习作为战略重点。此外，雇主只是偶尔为培训课程提供投入，并且没有激励政策来维持他们对国家培训机构运营的影响。

（三）职业教育与培训在向劳动力市场过渡中的作用

在埃及，从学校（或失业）到就业的过渡是一项严峻的挑战，埃及职业教育与培训体系与其他合作伙伴或机构合作，在开发促进这种过渡的工具和流程方面发挥了作用。由于缺乏有效的职业指导制度，青少年及其父母无法根据自己的能力和市场需求做出合理的职业选择。职业指导通常开始得太晚，一般是在学生进入职业教育与培训路径并选择了劳动力市场可能不需要的专业之后才开展的。其原因是缺乏可靠、清晰和定期反馈的劳动力市场信息，而这些信息是职业教育与培训体系根据市场需求开发课程和项目的重要参考。当前，专门针对求职者的需求而制定的合理的劳动力市场计划较少，对计划实施效果的监测和评估机制还不健全。

二、埃及职业教育教师面临的挑战

（一）埃及职业教育教师自身面临的挑战

埃及职业教育教师当前面临的挑战主要与自身素质及职业教育与培训体系的支撑条件有关。

一般来说，训练有素的职业教育教师／培训师短缺（特别是相对于行政和支持人员而言），原因是工资低，而且许多人认为这是一个没有社会吸引力的岗位。人们选择做一名职业教育教师的主要动机是认为这是一份稳定的公共工作。在许多学校和培训中心，技术教师和实践培训师是五年制中等技术学校和中等技术学院的毕业生，或者是技术人员和工程师，他们根据自身获得的知识和经验提供培训。但作为认证培训师，他们接受过的正式的初始或持续培训有限，很少有教师和培训师接受过系统的培训：在 20 世纪末，只有 35% 的人接受过教育学培训，只有 50% 的人参加过高级实践培训。虽然这些数据十分陈旧，但由于近年埃及的教育预算中的非工资投资增长相对较低，这一情况可能并未得到很大改善。

教学方法有待实质性改变。能否成功实施以能力为基础的改革，其决定因素包括教师被赋予的权利，以及他们在学校层面获得的支持。因此，即使提供了充分的教师培训，其他制度和组织限制也会对有效的教学学习过程和学习者为中心的教学方法产生重要影响。例如，在国家层面强调的以能力为基础和以学习者为中心的教学方法，需要依靠业务层面的资源和教师能力来保障，非一时之功。此外，教师队伍在发展过程中作为一个团队发挥作用的能力很弱，也没有得到公开鼓励。

以下是从职业教育教师自身的角度和一些主要利益相关者的角度总结的埃及职业教育教师面临的主要挑战。

1. 职业教育教师自身面临的挑战

从个人的角度看，埃及的职业教育教师面临如下几方面的挑战。

（1）工资低。

（2）职业教育与培训行业的社会地位低。

（3）教学机构在基础设施、建筑物、设备和原材料方面的资源不足，这阻碍了教师们的出色表现。

（4）提供的教师持续发展支持不足，并且多是临时性的。为教师提供的早期职业支持很有限，尤其对技术教师和实践培训师而言更是如此。尽管新入职人员是以助理教师的身份来开启他们的职业生涯的，但由于师资短缺，他们也很难获得足够的职业辅导与支持。

（5）许多教师抱怨学生和教师之间的存在过多的校际暴力。校际暴力在 2011 年埃及社会动荡之后有所增加，教师感到不安全，未受到学生和家长的尊重。

2. 从利益相关者角度看埃及职业教育教师面临的挑战

从利益相关者的角度来看，大多数职业教育教师尤其是技术教师和实践培训师都没有接受过充分的工作培训，他们接受的初始教育并没有为他们提供足够的实践经验。只有核心学科教师接受职前教学培训，而大多数技术教师和实践培训师只能依赖于他们从非师范教育机构和大学获得的技术知识。

尽管埃及近年来在新政策和制度方面取得了进展，但在教师发展和专业化方面并没有明确的愿景。此外，政府将通识教育置于职业教育与培训之上，因为资源有限，两者无法同时兼顾。

教师选拔还存在不合理的地方。完全依赖笔试来评估教师的能力是不全面的，需要引入更多元化的评估方式，例如同行评审、学生反馈、教学观察等，以全面评估教师的知识和能力，需要打破现有的职业发展模式的僵化局面，鼓励教师参与创新和基于项目的行动。这可以通过认证程序、实验和试点项目等方式来实现，帮助教师获得新知识和技能，也需要政策支持和资源的持续投入，确保教师有机会参与这些项目。

由于工资低，职业教育教师在深入研究、精心准备教学课程、自我发展或为学生提供更多支持方面，没有动力付出更多努力，而是选择从事其他工作以求维持生计。

在内容和政策方面，中央教育系统没有鼓励赋予职业教育教师参与课程开发或校本改革的权力，而这本可能给其职业发展提供一些必要的动力。

大多数职业教育教师，尤其是技术教师和实践培训师的实际工作经验有限，这使得这些教师很难将实际工作中的例子和经验传授给学生。即使在双元制教育系统中，教师通常也不会在实训期间监督学生，这种监督的角色通常由商业协会中的顾问承担；而老教师创新动力不足，在使用新技术支持他们的教学方法方面更是存在困难。

（二）职业教育教师教育体系面临的挑战

尽管教师专业学院、国家质量保证和教育认证委员会等多个机构的职责是规范职业教育教师教育和培训的质量保证，但职业教育教师教育体系面临的最大挑战是缺乏统一和标准化的教师资格认证和评估。职业教育教师教育体系面临的主要挑战有如下两个方面。

1. 系统层面的挑战

（1）就机构数量而言，核心学科教师的初始教育和在职培训比技术教师和实践培训师更多。培训机构如何保证培训质量也面临着挑战。

（2）教师专业学院（其职责是规范教师教育和培训）同职业教育教师教育机构之间的协调是有限的，并且没有充分协调起来。

（3）除了生产和职业培训部附属的员工培训学院之外，很少有机构为该系统提供持续的在职培训服务。

（4）教师教育机构从政府获得的预算有限，而且这些预算与绩效没有挂钩。同时，这些机构的财务自主权受到限制，有关创收的立法也不明确。

2. 研究层面的挑战

（1）尽管有相关流程和程序，但教师专业学院和工业教育学院均未获得国家质量保证和教育认证委员会的认可，这表明其运营质量有待提升。

（2）许多课程很长时间没有更新，或有待开发。

（3）工业教育学院对于其学生的认可存在管理和立法方面的问题，因此教育与技术教育部宁愿从工程学院而不是工业教育学院招聘。所有为工业、农业、商业和旅游等不同学科教师提供教育的大学都没有提供专门的教师或教学培训。

三、埃及鲁班工坊建设面临的挑战

（一）埃及鲁班工坊项目产教融合水平仍需进一步提升

埃及职业教育毕业生的就业问题，表现在学习内容和就业领域缺乏一致性，从学校到工作的过渡时间较长，毕业生通常在毕业后2—7年才能找到第一份工作。

埃及鲁班工坊的共建任务是协助埃及发展职业教育，将优质的实习实训设备和资源输出到埃及，不断提升实习实训条件，从而更好地缩短学生从学校到企业的距离，协助提升教学和科研水平。因此，进一步探索"学习＋生产"的双重路径，紧密对接产业领域，促进产教深度融合，是鲁班工坊项目的重要切入点之一。当前，埃及鲁班工坊项目须进一步加强与在埃中资企业、埃及企业之间的联系，埃及鲁班工坊在创建之初与在埃中资企业有着紧密的联系，但揭牌运行后与埃及当地的产业企业联系较少，缺少产教融合的沟通平台。

（二）埃及鲁班工坊职业教育体系仍需进一步贯通

开罗高级维修技术学校的学生在经过培训掌握职业技能后，可直接走向就业岗位。艾因·夏姆斯大学是埃及的第三大综合性大学，也是中东地区著名的高校之一，其语言学院的中文系在中东和非洲地区具有极高的知名度，也是中东和非洲地区规模最大的高等汉语教学基地。得天独厚的中文功底为埃及鲁班工坊的建设奠定了良好的基础，可以使共建专业的教学工作更好地落地，并逐步推进专业标准、课程标准、双语教材在人才培养中的实施和推广。

基于"埃及 2030 年愿景"，埃及鲁班工坊应增加初中优等生升入职业教育的比例，增加职业教育毕业生从事本专业的比例，提升技术教育升入职业教育的比例，提升技术教育和职业教育的社会参与度。未来实现从中等技术教育到高等职业教育乃至于研究生教育层次的融通，打通人才培养的天花板，是埃及鲁班工坊的重要发展方向。

第二节　埃及职业教育发展建议

一、关于埃及职业教育体系的发展建议

埃及政府一系列重要的决定、政策和举措表明了其和国际捐助者对埃及职业教育与培训改革的承诺，旨在解决系统内的一些长期挑战。其中一些成果如下。

（1）将职业教育与培训升级到新宪法的高度，并起草了目前正在由立法者审查的职业教育法。

（2）启动新的公务员法，其主要特点是明确公务员（包括职业教育与

培训提供者）的绩效制度，允许解雇表现不佳的公务员。

（3）启动了一些由捐助者资助的职业教育与培训和劳动力发展项目，包括欧盟职业教育与培训行动计划的第二阶段、德国国际合作机构就业促进项目第二阶段等。

为了使上述政策和举措对埃及的职业教育与培训系统产生积极影响，利益相关者和专家将以下方面列为应对当前挑战所必须的措施。

（一）完善职业教育系统的治理和融资

（1）职业教育与培训愿景和战略的起草与实施，须得到各利益相关者的充分沟通和遵守。目前虽已有几份草案，但是需要利益相关者达成协议以采取一种策略，该策略应包括与利益相关者、社会合作伙伴（包括雇主）进行广泛协商。职业教育与培训战略还应与埃及的经济和社会发展计划相一致。

（2）根据采用的职业教育与培训愿景和战略，职业教育与培训格局应进行重组，以确保战略的组成部分在公认的职业教育与培训机构的领导下得到有效协调和实施。这一机构本身应具备充足的财务和人力资源；这一机构的重要举措之一应是建立全系统监测和评估机制，以评估过去、当前和未来的改革试点，将其纳入主流，为变革积蓄力量。新的职业教育与培训机构还需要更好地协调捐助者资助的项目，以确保它们都服务于已通过的战略中阐明的职业教育与培训改革的共同目标。

（3）应设计和实施适当的融资机制，以确保为预期的改革提供资源。融资机制还应包括由雇主分摊成本的条款，以确保可持续性。另外，还需要以具有成本效益的方式更好地利用现有资源。金融改革还应包括重组和重新启动因法律纠纷而暂停运作一段时间的国家培训基金。

（4）将雇主参与各级职业教育与培训改革纳入制度，特别关注对埃及经济发展很重要的优先机构，例如企业职业教育与培训合作伙伴关系，如需进一步促进该机构的发展，需为他们提供能力建设和基于绩效的公共资金。

（5）通过扩大私立学校和中心，通过公私合作伙伴关系，鼓励私营企业对职业教育与培训进行投资。

（6）制订一个精心设计和广泛传播的国家战略，以改善有关职业教育与培训的形象、地位相关的负面看法。这需要实用且高效的工具，采用多种传播方式在全国普及宣传。这还需要在改善工作条件方面发挥作用的雇主或蓝领工人的广泛参与。但改变对职业教育与培训的社会看法的关键是职业教育质量的真正提高。

（二）促进职业教育质量的提升

（1）迫切需要一个清晰透明的国家质量保证体系，其中应包括制定国家资格框架、技能标准、认可和认证制度。

（2）需要一个劳动力市场驱动的课程开发国家系统，建立机制并严格执行，其中包括监测和评估机制。

（3）需要一种切实可行的教师培训机制，为各类教师提供平等待遇，提高教师地位。这将包括根据国际职业教育与培训标准提供的初始教育、早期职业支持和持续发展支持。

（4）需要改善学校和职业培训中心基础设施和设备的计划，且计划必须符合行业需求。

（5）积极倡导工作本位学习和其他形式的合作培训，落实学徒制。这已在许多国家被证明是促进学生从学校向工作过渡的有效方法。此外，人们普遍认为，以工作为基础（或以培训中心为基础）的实践培训师的就业机会不如以学校为基础的技术教师的就业机会好。

（三）推动职业教育向劳动力市场过渡

（1）创建一个功能性的国家劳动力市场信息系统，收集相关数据，分析劳动力市场需求的当前形势和未来趋势，并确保将这些信息传达给相关决策者和职业教育与培训提供者。另外，须进一步投资和发展教育、培训和就业观察站。

（2）建立一个全国性的职业指导和咨询系统。职业指导和咨询在公众的一生中应尽早开始，并在其职业生涯的每个阶段持续进行。

（3）开发有效的工具，包括专门针对职业教育与培训的招聘网站、学校和职业培训中心的就业服务单位，以及扩大全国性招聘会系统。

（4）制订积极的劳动力市场计划，这些计划应受到良好的监控和评估，以确保求职者获得所需的服务。

二、关于埃及职业教育教师教育体系的改进建议

尽管教师教育和培训被纳入大多数政策文件和职业教育与培训改革项目的重要组成部分，但并没有被特别优先考虑，并且往往会在系统面临的许多挑战中迷失方向。以下是在系统和机构层面克服教师教育挑战所需的改进建议。

（1）支持教师专业学院为教师教育、培训、评估和认证制定一个连贯且实用的系统和策略，且该系统和策略应是专门为职业教育教师设计的，同时还应涵盖现在不在教师专业学院授权范围内的技术学院的教师。

（2）基于已制定的教师教育战略，教育与技术教育部应尝试将捐助资金直接用于教师培训的特定计划或项目，而不是作为现有项目的一小部分。这可能包括一个结构化的计划，以创建一支在所有重要科目上接受过专业培训的培训师干部队伍，并以此作为催化剂，对系统中的大多数教师进行系统性培训。

（3）需要更多以技术教师和实践培训师为主的教师初级教育机构。在教学法培训和技术培训之间应该取得平衡。初始教育还应包括使技术教师和实践培训师获得行业实际工作经验。

三、关于埃及鲁班工坊建设的发展建议

（一）建立项目风险评估机制

兼顾埃及工业经济发展进程需要和我国投产建设项目的利益，对技能培训市场涉及的法律、环保、金融、环境、劳工等诸多方面的因素进行预估和研判，提高埃及鲁班工坊应对国际复杂环境的能力。

（二）完善校企合作运行机制

当前中埃合作关系正面临一个历史性机遇期，通过实施职业教育学历认证或培训认证等举措培养优质技术技能人才可有效对接埃及人力资源市场。鲁班工坊建设与发展是主动服务"一带一路"共建国家培养本土化技术技能人才的职业教育载体。例如，埃及鲁班工坊项目院校要与奇瑞、吉利、比亚迪、金龙、福田等品牌汽车公司建立联盟，将培训工作纳入企业售后服务体系，以技术支撑品牌汽车的维修市场，实现校企协同合作育人。

（三）强化质量，构建中非质量保障体系

基于"埃及2030年愿景"，埃及鲁班工坊项目应普遍采用国际标准，着力提高教育质量。天津的职业院校在鲁班工坊的建设过程中，率先注重采用专业教学标准、课程标准与双语教材，确保中埃双方标准乃至于国际通行标准的施行。无论是教育评估和认证标准，还是教材体系建设，都直接对标国际最新标准。天津作为鲁班工坊建设的发源地，有着丰富的国际技能大赛承办经验，可以很好地形成以赛促学、以赛促教的教学常态，这些均有助于埃及的职业院校完善国际化人才培养标准。

埃及鲁班工坊在教育质量方面，在教学设计、课程设置、教材开发、师资培训、教学方式等方面应提供全方位的质量保障，借助现代信息技术，逐步实现同步教学，确保人才培养质量的稳步提升。

（四）服务产能，培养优质技术技能人才

基于"埃及2030年愿景"，埃及鲁班工坊项目应提高教育产出的效益，提升教育对经济社会发展的贡献度。天津的职业院校与埃及共建发展职业教育，应将优质的实习实训设备和资源输出，不断提升实习实训条件，提升学生的实践技能，缩短与产业的距离。在埃及的中资企业也应积极参与埃及本土的大型基础设施建设，优质的技术技能人才是服务经济社会的发展需求，同样也是确保鲁班工坊守正创新的可持续发展路径。

（五）纵向贯通，打通职业教育培训体系

基于"埃及 2030 年愿景"，埃及鲁班工坊建设应增加初中优等生升入职业教育的比例，增加职业教育毕业生毕业后从事本专业的比例，提升技术教育升入职业教育的比例以及技术教育和职业教育的社会参与度。经济合作与发展组织的调查结果显示：埃及职业教育的学生的计算能力和基础能力较弱，未得到可持续发展，且缺乏明确的职业规划，导致部分学生会辍学。因此，具备贯通的成才体系，对于埃及的学生十分重要。天津的职业院校将优质的经验嵌入埃及的合作院校，特别以开罗高级维修技术学校为试点，遵循埃及本土的职业资格认证体系和标准，实现了中等技术教育和高等职业教育之间的贯通体系设计。

摩洛哥职业教育研究篇

第八章
摩洛哥概况

第一节　国家概况

一、发展简史

　　摩洛哥是最古老的非洲国家之一。最早的居民是柏柏尔人，历史上曾经被腓尼基人、罗马帝国和拜占庭帝国占领。公元 7 世纪，阿拉伯人进入后，摩洛哥经历了几次王朝更替。阿拉维王朝自 17 世纪起统治摩洛哥，一直至今。20 世纪初，摩洛哥曾先后被西班牙和法国殖民者统治。1956 年，摩洛哥取得独立。1957 年 8 月 14 日定国名为摩洛哥王国，穆罕默德五世成为摩洛哥独立后的第一位国王。摩洛哥是联合国、世界贸易组织、世界银行、国际货币基金组织等主要国际机构，以及阿拉伯国家联盟、非洲联盟、阿拉伯马格里布联盟等重要区域组织的成员。1996 年，摩洛哥与欧盟签署联系国协议。2008 年，摩洛哥获得欧盟给予的优先地位。2011年，海湾阿拉伯国家合作委员会与摩洛哥建立"优先伙伴关系"。截至2021 年，摩洛哥与近 150 个国家建立了外交关系。

二、地理位置、自然资源和气候

摩洛哥位于非洲大陆西北端，国土面积45.9万平方公里（不包括西撒哈拉26.6万平方公里）。摩洛哥东部及东南部与阿尔及利亚接壤，南部为西撒哈拉，西濒浩瀚的大西洋，北临地中海，隔直布罗陀海峡与西班牙相望，扼地中海西端出入门户，海岸线1 700多公里。

磷酸盐是摩洛哥最主要的自然资源，储量约有1 100亿吨，占世界储量的75%。此外还有铁、铅、锌、钴、锰、钡、铜、盐、磁铁矿、无烟煤、油页岩等自然资源。其中，油页岩储量超过1 000亿吨，含原油60亿吨，占全球总量的3.5%。渔业资源极为丰富，是非洲第一大产鱼国。

摩洛哥气候多样，主要为地中海型气候，夏季炎热干燥，冬季温和湿润，1月平均气温13℃，7月平均气温22℃—29℃。沿海平原常年气候宜人，花木繁茂，风景如画，享有"北非花园"和"烈日下的清凉国土"的美誉。内陆山区气候差异明显，夏季炎热干燥，冬季寒冷，多有降雪。撒哈拉沙漠边缘呈干燥的沙漠气候。降水量总体呈由北向南、由沿海向内陆逐渐减少的趋势。

三、人口和行政区划

2023年，摩洛哥人口总量为3 781万人，其中阿拉伯人约占80%，柏柏尔人约占20%。官方语言为阿拉伯语和柏柏尔语，通用法语。国民主要信奉伊斯兰教。近几十年来，向主权争议地区西撒哈拉迁移的摩洛哥人逐渐增多。在摩洛哥的华人人数不多，其中一半以上集中在卡萨布兰卡。

摩洛哥全国共设12个大区（包括西撒哈拉）、62个省、13个省级市、1 503个市镇。拉巴特是摩洛哥的政治首都。卡萨布兰卡是摩洛哥的第一大城市，也是主要的港口和非洲重要的金融中心，拥有全国三分之一的工业企业、55%的生产企业、60%的手工业企业，被誉为摩洛哥的经济首都。

四、政治制度

摩洛哥实行君主立宪制，议会实行两院制，国王是国家元首、宗教领袖和武装部队最高统帅。首相是政府首脑，由议会选举中得票最多的政党任命，拥有提名和罢免大臣、解散议会等重要权力。议会拥有唯一立法权，众议院占主导地位。

第二节　经济发展状况

一、宏观经济

（一）经济增长率

摩洛哥是一个以第三产业经济为主、居中等收入水平的发展中国家，是非洲第五、北非第三大经济体。2003 年以来，摩洛哥经济保持稳定增长。2018—2022 年摩洛哥宏观经济指标见表 8.1。

表 8.1　2018—2022 年摩洛哥宏观经济指标

指标	2018 年	2019 年	2020 年	2021 年	2022 年
GDP / 亿迪拉姆	11 952	12 398	11 524	12 747	13 418
实际 GDP 增长率 /%	3.6	2.9	−7.2	8.0	1.1
人均 GDP / 迪拉姆	33 174	34 840	32 055	35 363	35 279

资料来源：世界银行、摩洛哥计划高专署。

（二）产业结构

2022 年，摩洛哥农业、工业、服务业增加值占 GDP 比重分别为 10.7%、

7.2%、51.3%（见表8.2），摩洛哥资本形成、消费、净出口占GDP比重分别为32.3%、79.3%和–11.6%（见表8.3）。

表8.2 2018—2022年摩洛哥产业结构

单位：%

指标	2018 年	2019 年	2020 年	2021 年	2022 年
农业增加值占 GDP 比重	11.3	10.8	10.6	12.0	10.7
工业增加值占 GDP 比重	25.2	25.2	26.0	26.1	27.2
服务业增加值占 GDP 比重	53.5	53.5	53.1	51.3	51.3

资料来源：世界银行、摩洛哥计划高专署。

表8.3 2018—2022年摩洛哥需求结构

单位：%

指标	2018 年	2019 年	2020 年	2021 年	2022 年
资本形成占 GDP 比重	32.1	30.6	28.8	31.1	32.3
消费占 GDP 比重	77.5	77.2	78.5	78.0	79.3
净出口占 GDP 比重	–9.6	–7.8	–7.3	–9.1	–11.6

资料来源：世界银行。

（三）财政收入

根据摩洛哥国库数据，2021年摩洛哥政府一般财政收入约为2 611亿迪拉姆，同比增长4.7%；一般财政支出为3 899亿迪拉姆，同比下降3.1%。

二、发展趋势

根据世界银行2021年的数据，摩洛哥在2020年经济增长收缩6.3%，但同比增长了1%。2021年第一季度GDP有所增长，这得益于降雨充足后农业收入的增长。摩洛哥旅游业规模较大，由于受到新冠肺炎感染疫情的影响，其服务业尚未完全恢复。自 2002 年以来，摩洛哥制定了一项可操作的中小企业法，该法确定了最重要的中小企业相关政策，其中包括中小企业机构的设立和职责，对支持中小企业的协会的认可，以及地方、区域和国家层面的支持机制。然而，许多挑战仍然存在，例如摩洛哥对低附加值经济活动的依赖限制了经济的多元化和高附加值产业的发展，使得经济容易受到国际市场价格波动的影响；非正规经济在摩洛哥占据相当大的比例，这不仅减少了国家的税收收入，还加剧了社会不平等和经济不稳定。非正规经济的存在也使得政府难以有效监管和提供必要的社会服务；尽管摩洛哥的经济在增长，但就业不足和失业问题依然严重，高失业率不仅影响社会稳定，也限制了经济发展的潜力，尤其是年轻人失业率高会导致人才流失，进一步削弱国家的竞争力。因此，摩洛哥需要加大区域发展力度，继续努力创造条件，使中小企业能够繁荣发展。根据 2021 年数据，中小企业占摩洛哥企业的 99.7%，它们创造了 37.8% 的经济附加值，且中小企业的就业人数占已申报就业人数的 73.7%。

摩洛哥是非洲第五大经济体，拥有稳定的投资环境，经济多元化。2019 年，57% 的经济附加值来自服务业，服务业是摩洛哥经济的主要贡献者。根据世界旅游及旅行理事会的数据，旅游业占摩洛哥 GDP 的 12% 和总就业的 12.9%，是其主要的经济增长来源。穆罕默德六世国王于 2020年 7 月宣布了"摩洛哥经济路线图"，它是一个全面的经济改革计划，旨在通过一系列政策和措施，促进经济增长、创造就业机会、提高社会福利和增强国家的竞争力。在该文件起草时，政府已对相关法律进行了修订，以加强对全体人口的社会保护和公共卫生宣传，具体改革措施包括提高社会保障水平、改善公共卫生服务、加强劳动保护和促进教育等。政府还成立了穆罕默德六世基金，它是一个公私合营的基金，旨在支持社会服务和中小企业的发展。该基金通过提供资金、技术和管理支持，帮助中小企业提高生产效率、增强市场竞争力，并促进社会服务的改善。

世界银行《2020 年世界营商环境报告》显示，摩洛哥较 2019 年上升了 7 位，在报告所调研的 190 个经济体中排在第 53 位，在中东和北非地区排在第 3 位。报告提示摩洛哥改善的领域包括纳税（成本更低）、施工许可证办理（简化行政程序）和跨境贸易（易于进出口，包括无纸化清关）。

2021 年 5 月，摩洛哥公布了新的发展模式，将优先考虑几个方面：结构性改革，以提高竞争力和促进私营部门发展；提高教育和卫生服务的质量，增加人力资本；加速权力下放进程；保护自然资源。

第三节　劳动力市场和就业

一、劳动力市场和就业挑战

从人口结构来看，摩洛哥拥有丰富的劳动力资源。截至 2022 年，摩洛哥总就业人口数为 1 080 万，其中服务业占比最高（45.8%），其次是农业、林业和渔业（31.2%）。尽管摩洛哥劳动力资源丰富，但整体素质并不高，缺乏熟练技工在一定程度上限制了经济的发展。尤其是摩洛哥有着较高的青年失业率，数据显示，摩洛哥的青年失业率从 2010 年开始逐渐增长，并在 2020 年飙升至 27%，远高于世界较低中产阶级的平均水平。这种高失业率集中在城市地区，且受过中等和高级教育的工人更容易受到影响。此外，女性的收入比男性低 30%，并且就业机会也相对更少。

教育水平也是影响摩洛哥劳动力市场的重要因素。尽管近年来入学率有所提高，但教育质量和普及度仍令人担忧。许多接受初等和中等教育的人继续攻读高等教育学位，但这些学位并不能保证工作安全。与没有受过教育的人相比，受过高等教育的人失业率更高。此外，职业培训发展不足，低于中东和北非平均水平，导致学生对劳动力市场的结构了解不足，选择的教育路径可能不适合市场需求。

摩洛哥政府采取了一系列措施。例如，"摩洛哥 2030 年愿景"计划将职业教育纳入普通教育体育，在中学提供职业教育课程选项。此外，国家就业和技能促进机构作为唯一管理就业供需关系的公共机构，为求职者提供免费的信息和指导，并为雇员提供咨询服务。然而，尽管有这些努力，摩洛哥的劳动力市场仍然面临诸多挑战。

（一）摩洛哥劳动力市场面临的挑战

（1）缺乏包容性。摩洛哥的劳动力市场存在显著的包容性差的问题，特别是在女性和青年群体中。尽管政府采取了一些措施来促进女性就业，但这些措施的效果有限。例如，有政策支持女性晋升到高管职位和全职工作，但女性在高管职位和企业所有权方面的参与率仍然较低。此外，非正规经济的存在进一步加剧了劳动市场的不平等，许多非正规工人难以维护自身权益。

（2）就业增长缓慢。尽管摩洛哥的经济增长率在过去十年中保持在3.4%左右，但这一增长率并未转化为足够的就业机会。特别是青年失业率持续上升，从2011年的17%上升到2020年的27%，这表明劳动力市场未能提供足够的新职位来满足不断增长的劳动力需求。此外，教育与市场需求脱节，导致毕业生难以找到合适的工作，进一步拖累了就业增长。

（3）缺乏体面的工作。摩洛哥的非正规经济规模庞大，占总就业人数的80%，这使得大量工人处于低收入和不稳定的工作状态。许多受雇青年没有固定工作，近九成的受雇青年没有合同，工作条件差，收入低于最低工资标准。此外，由于劳动法规执行不力和社会保障覆盖率低，许多工人无法获得应有的福利和保护。

（4）受到影子银行的影响。摩洛哥的劳动力市场和影子银行之间存在一定的联系，影子银行通过资金的流动和投资项目间接影响着劳动力市场的发展和稳定。而影子银行的监管和风险控制对维护整个经济体系的稳定也至关重要。摩洛哥中央银行——马格里布银行的一项分析显示了影子经济发展的三个不同阶段。这些阶段反映了该国在不同历史时期内影子经济的演变和影响。

第一阶段是从20世纪90年代中期到2010年左右，这一时期摩洛哥经历了显著的经济增长。根据国际货币基金组织的研究，摩洛哥的货币政策选择在此期间对资本流动进行了严格控制，这为该国带来了总体上的宏观稳定性。然而，这种过度依赖国内需求的增长模式暴露出其局限性，导致潜在增长降至3%左右。

第二阶段是国际金融危机期间及之后，从2010年至2020年，摩洛哥的经济增长放缓。尽管政府实施了一系列改革和政策以促进经济发展，但失业率仍然较高。此外，新冠肺炎感染疫情进一步加剧了这一趋势，导致摩洛哥 2020 年 GDP 下降了约 6.9%，失业率上升至 11.9%。

第三阶段是 2021 年以来，随着摩洛哥逐步恢复经济并采取新的应对措施，影子经济开始有所改善。例如，摩洛哥央行通过降低关键利率和储备金要求来维持经济稳定和信誉。同时，摩洛哥也在积极鼓励外国投资，并通过宏观政策、贸易自由化、结构性改革和基础设施投资来促进经济发展。

（5）弱势就业的发生率很高，2016 年为 48.1%。调查数据显示，摩洛哥年轻人在劳动力市场上面临着严重的不稳定和脆弱性：73.3% 的 15—29 岁在职青年没有劳动合同，也没有在任何医疗保险制度中登记。摩洛哥国家统计局的一项研究评估了教育水平和就业资格类型之间的不匹配，提供了每种资格类型的详细信息。总体而言，约有 46.7% 的活跃人口的就业高于其资格水平（高级规划委员会，2018）。这一高比例表明摩洛哥迫切需要通过培训来提高劳动力的效率，并使其能够为国家的经济竞争力提升做出贡献。

（二）就业情况

2020 年，摩洛哥劳动力市场受到新冠肺炎感染疫情和干旱的影响，导致劳动年龄人口大量失业和工作时间减少，这反过来又导致就业减少和经济活力下降。登记的新求职者为 32.2 万人，求职总人数达到 142.9 万人，当年失业率为 11.9%（2019 年为 9.1%）。创造就业机会最多的是农业和服务业，其次是建筑业（高级规划委员会，2020）。2021 年第三季度，摩洛哥全国平均就业率为 39.8%，总体趋势是恢复到新冠肺炎感染疫情前的水平，2019 年为 40.7%（高级规划委员会，2021）。女性异常低的就业率仍然是一个严重问题。妇女融入劳动力市场，以及她们从就业中获益、提升能力常常受到阻碍。尽管摩洛哥人均 GDP 较高、生育率较低且受教育机会较多，但其女性劳动力参与率仍然是世界上最低的国家之一。

摩洛哥教育委员会 2014 年至 2018 年对各学段毕业生进行了跟踪研究。该研究结果显示，毕业生从学校到工作的过渡时间平均需要 10.8 个月，在被追踪的所有失业者中，职业教育毕业生占比高达83%。这一数据表明，尽管摩洛哥在职业教育与培训方面投入了大量资源，并且国家策略也在推动职业教育的发展，但职业教育毕业生在就业市场上的表现并不理想。

（三）失业情况

在新冠肺炎感染疫情暴发前，总失业率相对稳定，从2013年的9.2%略微下降到2019年的9.1%。而疫情暴发后，失业率一直在持续上升，这说明了封锁和全球经济收缩对摩洛哥经济的影响巨大。摩洛哥2021年第二季度的失业率是12.1%（高级规划委员会，2021），其中女性失业率为5.9%，而男性失业率为11%；城市地区失业率（15%）是农村地区失业率（5%）的3倍；15—24岁年轻人的失业率约为30%。此外，失业率随着受教育程度的提高而增加。高等教育毕业生的失业率最高，为26%（高级规划委员会，2020）。

经济活力的下降和持续的失业使许多灰心的摩洛哥人放弃了求职。摩洛哥的不工作人口从2000年的47%增加到2019年的54%，超过一半的劳动年龄人口没有工作，甚至不找工作。即使按照国际上参与率最低的中东和北非地区的标准，摩洛哥的劳动力参与率也属于很低的。弱势工人，尤其是那些在非正规经济中工作的工人，受到的影响尤为严重，其中66%的人失去了收入来源。在这种情况下，国家援助成功地支持了20%的家庭（经济合作与发展组织，2020）。

二、就业政策与制度设置

（一）就业政策领域的战略和法律框架

优先考虑青年和妇女就业的国家就业战略由摩洛哥劳动和专业就业部制定并由政府通过。它的目标是在2015—2025年的每年创造至少20万个工作岗位。该战略到2020年已经实现了55%的目标，但是由于缺乏基于绩效的评估系统，因此很难随着时间的推移评估其有效性（国家旅游局，2020）。2021年，国家就业战略进行了修订，列入了一项政府计划和一项国家行动计划，并将持续到2026年。国家就业战略目前已在人力资本发展方面取得进展（包括提高工作本位学习的能力和语言技能）。

（二）促进就业的举措

在过去的30年里，摩洛哥实施越来越多的举措来促进就业，主要是为了解决无法在不断增长的经济中合理部署劳动力的问题，但人们对这些举措的评估仍然有限。尽管摩洛哥在2011年将公共政策评估原则引入宪法，但制度进步并未转化为系统评估生态系统的建立。

2015年，摩洛哥十年工业计划出台，针对提高就业提出了以下政策规划。

（1）国家就业战略确定了中心目标，即通过高生产效率和优质工作机会的增长促进体面就业，促进青年尤其是女性进入劳动力市场，加强就业平等，同时帮助求职者获得就业机会并缩小地区就业差距。

（2）颁布了2021年行动计划，通过一系列具体行动支持、创造就业机会。例如，大型投资者如果招募当地青年将获得免税，公共投资在获得批准之前会根据其对劳动力市场的影响进行筛选，加强技能预测机制，为自营职业和民间社会组织提供支持。该行动计划还致力于通过部署有关自营职业和引导劳动力市场的特定职业教育与培训模块，增加外语学习和工作本位学习，在2021年培养至少5万名新的职业教育毕业生，改善劳动力市场的技能匹配问题。可预见的是，该行动计划还将推动积极的劳动力市场政策。例如，劳动和专业就业部正在制定"技能护照"，以支持年轻毕业生获得所有必需的技能，并加快他们向工作的过渡。该行动计划还提供多种形式的工作本位学习，以确保所有人群都能从中受益。在提高劳动力市场效率方面，2021年行动计划包括完善与罢工权、员工社会保护和劳动监察有关的立法。它还采取措施简化劳动合同终止手续，并研究相关法律的变更，以确保摩洛哥能够从新的工作形式（如平台工作）中受益。

第九章
摩洛哥教育体系

第一节　摩洛哥教育概况

　　摩洛哥视教育为国家发展的根基，强调教育普及化、教材统一化、教师摩洛哥化和教学阿拉伯化，并实行免费教育。每年教育预算约占国家预算总支出的四分之一。截至 2023 年，摩洛哥现有 12 所国立大学、28 所私立大学和高等教育机构，在校大学生 109 万，大学教师 1.84 万名。国立中小学教师已全部摩洛哥化，大学教师 97％ 为摩洛哥人。摩洛哥政府制定了面向 2030 年的《高等教育改革：战略视角》报告，旨在通过提高教育质量、刺激大学创新等措施推动高等教育体制现代化。摩洛哥高度重视职业培训，宪法中设有相关条款。近年来，摩洛哥政府推动在 12 个地区设立专业培训集群，以满足当地劳动力需求。职业培训部负责协调全国职业教育的一般政策，重点是规划、指导和评估战略。

一、在学、入学和教育支出

　　2020 年，摩洛哥学生平均在校时间已升至 14 年，自 2000 年以来持续增加。同样，不定期上学的青少年人数也在不断减少，目前为 13 万人，是 2010 年的一半（高级规划委员会，2020）。此外，在过去的 20 年中，摩洛哥人口识字率有了显著提高，代际差异显著。例如，在 2018 年，97.73％ 的 15—24 岁的年轻人识字，而 65 岁及以上的女性能够读写的占比为 19.02％（该年龄组的男性为 34.11％）。在 2000 年，15—24 岁的年轻人识字率仅徘徊在 50％ 左右（联合国教科文组织，2021），可见这一进步是显著的。尽管取得了这些值得称道的成就，但摩洛哥仍然面临着重大挑战，因此国家目前仍对教育问题给予相当高的政治关注。

教育经费问题本质上是国家在设备、培训、维护和管理方面的责任。2019 年，摩洛哥教育公共支出在 GDP 中占比为 6％。2015 年，职业教育与培训支出在 GDP 中占比为 0.2％（审计法庭，2017）。职业教育与培训资金来源包括职业教育与培训税（23％）、国家预算（38％）、家庭（23％）和企业（14％）等。

教育、培训和科学研究高级委员会在 2019 年的一份报告中提道：摩洛哥辍学率不断下降，但仍有问题令人担忧。2018 年公立学校有 431 876 名学生未获得毕业证而辍学。摩洛哥虽然成功地将城市小学辍学率降至 2.2％、地区小学辍学率降至 4.8％，然而中学教育中未获得毕业证的学生比例有所上升，在城市中心的学生达到 12.9％，在农村地区的学生达到 16.8％。

二、PISA 结果

2018 年国际学生评估项目（Programme for International Student Assessment，PISA）测试结果显示：

（1）阅读素养：摩洛哥 15 岁学生的平均成绩为 359 分，而经济合作与发展组织国家学生的平均成绩为 487 分。

（2）数学：摩洛哥 15 岁学生的数学平均成绩为 368 分，而经济合作与发展组织国家学生的平均成绩为 489 分。

（3）科学：摩洛哥 15 岁学生科学的平均成绩为 377 分，而经济合作与发展组织国家学生的平均成绩为 489 分。

（4）摩洛哥阅读优势和劣势学生的平均成绩差距为 51 分，而经济合作与发展组织国家阅读优势和劣势学生的平均成绩差距为 89 分。然而，与经济合作与发展组织 11％ 的平均水平相比，摩洛哥 13％ 的弱势学生在学业上有提升空间。

三、未接受就业教育或培训的年轻人

摩洛哥的 NEET（Not Education, Employment or Train，没工作、不上学、不接受职业技能培训）率高于中东和北非的大多数国家。2017 年，摩洛哥 NEET 率超过 30％，是中东和北非国家（冲突国家除外）中表现最差的国家。摩洛哥国家人类发展观察站 2019 年的数据显示，摩洛哥 15—24 岁的人口中有 28.5％ 的人处于失业状态，没有接受过教育，也没有接受过职业培训。其中年轻女性占比 76.4％，且这些年轻女性中 36.1％ 的人来自农村。事实上，摩洛哥 54.3％ 的 NEET 人口是有家庭责任的农村家庭主妇。

四、新冠肺炎感染疫情发生以来的教育

为了应对新冠肺炎感染疫情和随后的封锁，摩洛哥教育部、职业培训部、高等教育和科学研究部合作建立了一个电子学习平台，以确保教学和学习的连续性。这项措施虽然值得称道，但仅适用于拥有电脑设备和可以上网的学习者。出于这个原因，公共电视和广播也发挥了作用，他们与教育部一起为学生广播教学内容（欧洲培训基金会，2020）。大多数教师还利用社交媒体的便利性和良好的拓展性来开展教学。2021—2022 学年，学生已经返回学校。

第二节　摩洛哥教育结构

摩洛哥的教育体系是一个多阶段的结构，包括学前教育（Éducation préscolaire）、小学教育（enseignement primaire）、中学教育（Éducation secondaire）、职业教育（Formation professionnelle）和高等教育（Enseignement supérieur）。政府为提升教育服务的适用性所做的努力使得各级教育的机会增加。教育系统由教育部、高等教育和科学研究部管辖。自 1999 年起，摩洛哥提供教育服务的责任逐渐下放到地区层面。这一权力下放可以确保教育计划能够响应区域需求，并且由当地管理预算。每个地区都有一个地区教育和培训学院、一名地区主任，该地区主任比该地区的省级代表职级更高。

一、学前教育

学前教育在摩洛哥是为 3—6 岁的儿童设计的，这个阶段的教育不是强制性的，但被认为是儿童早期发展的关键时期。学前教育的目的是为儿童提供一个安全、有刺激性的环境，帮助他们发展基本的认知技能、社交能力和情感稳定性。通过游戏和互动活动，孩子们学习语言、基础数学、艺术和音乐。学前教育还旨在帮助儿童适应学校环境，为小学教育打下基础。

二、小学教育

小学教育通常是指 6—11 岁的儿童所接受的教育。该阶段的主要任务是为学生提供基础知识，包括法语口头和笔写的表达能力、基础数学运算技能，以及启蒙活动和艺术、劳动与体育的训练。这个阶段的教育可以为学生日后的学习打下基础。

三、中学教育

中学教育在摩洛哥分为初中和高中两个阶段。初中教育从 12 岁开始，持续三年，是非强制性的，但大多数小学毕业的学生会继续接受初中教育。初中教育结束后，学生可以选择进入普通高中或职业高中。普通高中为学生提供更深入的学术教育，为他们参加大学入学考试做准备。职业高中则提供专业技能培训，为学生进入劳动力市场做准备。高中阶段的教育持续两到三年，学生可以选择不同的学术路径或职业路径。

四、职业教育

职业教育在摩洛哥是为那些希望获得专业技能和实践知识的学生设计的。职业教育机构包括技术学校、职业高中和各种培训中心。这些教育机构提供各种专业领域的培训，例如农业、工业、商业、手工艺和服务行业。职业教育的目的是为学生提供必要的技能，使他们能够迅速融入劳动市场，满足不同行业的专业需求。

五、高等教育

高等教育是摩洛哥教育体系中的最高层次，教育机构包括大学和其他高等教育机构。学生在完成高中教育后，可以通过国家组织的入学考试进入大学学习。高等教育提供学士学位、硕士学位和博士学位，涵盖广泛的学科领域，例如文学、科学、工程、医学和法律等。近年来，摩洛哥政府实施了一系列高等教育改革，以提高教学质量、增强科研能力，并促进教育国际化。高等教育机构也在不断更新课程，以适应社会和经济发展的需求。

摩洛哥的教育体系致力于提供包容和高质量的教育，以满足不同学生的需求，并为国家的未来发展培养有能力和有技能的人才。

第十章
摩洛哥职业教育的治理体系

第一节　职业教育治理总体特点

一、职业教育治理的多方参与

在摩洛哥，职业培训部负责职业教育与培训政策的设计。职业教育与培训体系的特点是由主管职业教育的部委指导，有着多元化的利益相关者。利益相关者的多样性本身就是一种资产，因为它允许开展各种教育并建立不同的协调机制。

职业教育治理领域的主要参与者如下。

（1）职业培训部是一个负责协调职业教育总体政策的部级实体，其任务是规划、指导和评估为促进职业教育体系而实施的战略。

（2）由公共经营者组成的公共参与者，即职业培训和劳动促进办公室、各行业培训部门（如农业、渔业、手工业、旅游业等），不包括职业教育的私营机构。

（3）战略合作伙伴，他们的参与促进了职业教育与培训部门的发展及其在社会经济环境中的作用。战略合作伙伴的成员一方面是相关组织、分支机构和专业公司，另一方面是民间的协会和参与者。

除了上述参与者之外，其他国家、地区和地方组织也为摩洛哥的正规和非正规职业教育系统的治理做出了贡献。

二、职业教育治理的具体举措

截至 2020 年，摩洛哥全国有超过 2 000 个职业教育与培训中心，近四分之一在卡萨布兰卡，72％由私营机构经营（这一比例多年来一直在增加）。近十年来，中等教育中接受职业教育的学生的比例一直在增加。2019—2020 学年，有近 40 万学习者参加职业教育的课程。但是，这在中学学段的学生中仅占 15％。

（一）保证职业教育质量

在国家层面，职业培训部全权负责培训系统的质量保证，从制定质量保证措施到与所有相关利益者密切合作实施这些措施。值得注意的是，自 1987 年以来，摩洛哥相关部门研究并制定了一些措施，以确保定期和系统地收集劳动力需求，同时针对每种类型的职业教育提供者（公共／私人等）制定特定的教育或培训质量保证规则和指南。摩洛哥的教育路线图和《教育框架法》旨在建立一个强化的质量保证体系，其具体实施程序目前正在制定过程中。此外，职业培训部正在采用基于技能的方法制定培训计划。

在职业培训机构层面，质量保证是通过如下一系列机制落实的。

（1）对某些职业教育机构的管理流程进行 ISO 认证。

（2）职业培训部于 2019 年建立了自我评估系统，这一系统涵盖了一系列评估领域，以帮助学校层面的决策者根据定期的绩效采取纠正措施。该系统正在逐步推广到全国所有的职业教育与培训中心。

（3）自 2019 年以来，质量和检查运营机构不断监测和评估资格框架的有效性，并根据反馈和市场变化进行必要的调整，以确保职业教育与培训体系能够适应社会和经济发展的需求。

（二）工作本位学习安排

适当的法律和行政框架为国家、地区和地方各层面提供了优化工作本位学习的经验，并确保各方利益所需。这些行政框架展示了政府的领导能力，不仅可以提供一种机制让社会伙伴、工作场所、学生及其家长均参与进来，而且可用于建立和支持工作关系，使职业教育机构能够与当地社区组织（如顾问委员会）互动，由此还明确了相关的职业教育与培训规定，其中包括无障碍和富有成效的工作本位学习安排（联合国教科文组织，2021）。

在实践中，学徒制在吸收生源方面仍然落后。例如，在 2019 年毕业的 191 122 名职业教育学生中，只有 22 072 人完成了学徒期。与经济合作与发展组织的平均水平相比，摩洛哥在工作本位学习方面的支出很少。此外，摩洛哥的工作本位学习和三明治课程（指一种学习与工作相结合的课程）都由不同的法律和章程管理，这种分裂阻碍了统一和广泛的改革进程。此外，工作本位学习主要由国家基金资助，而三明治课程主要通过税收资助（占总工资的 1.6%）。职业培训和劳动促进办公室负责这两种培训的资金管理和实施，并提出了透明度和协调问题。其他阻碍因素与私营机构参与力度不足和职业指导有限等有关。

（三）开展数字教育和技能提升

中东和北非地区劳动力的数字能力不高。麦肯锡在其 2017 年的研究中报告称，该地区只有 1.7% 的劳动力拥有数字技能，并依靠数字技能来提高就业能力。

《摩洛哥数字化 2013》和《摩洛哥电子化 2020》是旨在加强摩洛哥数字经济的两项综合战略。摩洛哥尽管采取了许多举措将数字技能培养整合到学校教育中，但根据国际劳工组织 2019 年的评估，摩洛哥学生在信息通信技术（Information and Communication Technology，ICT）技能获取方面的进展仍然不尽人意，教师的专业发展也并没有显著改善。为了在职业教育与培训体系内发现并解决结构性障碍，贯彻落实相关政策，摩洛哥为几乎所有的大学都配备了充足的信息通信技术设备，但教师和学生可能需要更新他们对 ICT 在教育中角色的认知，将其视为一个提升教学和学习的工具，而不仅仅是一个附加的课程内容，而教师和学生对 ICT 在教育中的作用有传统的认知，这可能阻碍了他们充分利用可用工具。

值得注意的干预措施是摩洛哥国家就业和技能促进机构制定了一项基于网络、电话和数字媒体工具的数字战略，以提高服务质量和年轻用户的数量。此外，摩洛哥广域网正在努力将所有摩洛哥大学和教育机构联系起来，它的最新版本通过连接到专为学术流量保留的泛欧学术网络，为大学提供高速互联网（2—100 Mbps）的访问支持。

（四）职业教育融资

摩洛哥经济和财政部负责为正规和非正规职业教育与培训提供资金，其主要资金来源为：公共、私人和发展援助资金。分配给职业教育部门的预算约为 GDP 的 0.5%。职业教育部门利益相关者众多，资金来源多样化，而且难以确定这些资源的实际分配。但是，可以确定职业教育部门的资金来源有以下几种：国家分配的预算、职业培训税的产品、国际合作的援助、学生家庭的资金。

（五）国家资格框架

摩洛哥的国家资格框架尚处于开发阶段，目前仅有一个认证系统授权私立职业教育学校或机构举行考试和颁发文凭，获得认可的私立职业教育学校或机构必须采用受训人员评估方法。对于培训的主体部分，由专业人士参与的陪审团进行监督，并进行持续评估和最终评估。

对私立职业教育机构的认证、监测和评估，每年由职业培训部下属的全国私立职业教育部门委员会执行。

私立职业教育机构的认证包括授权机构对在机构内完成培训的学员组织考试，并颁发国家承认的毕业证书。私立职业教育机构运营的资格条件为：在监管和行政方面处于正常状态，已获得所提供的所有培训课程的资格，遵守主管部门制定的考试组织和管理规则。

第二节　职业教育的培训治理体系

一、职业教育的培训目标

职业培训部无疑是发展国家人力资本、提高经济竞争力和增强社会凝聚力的战略性部门。它也是所有公民实现真正公平和获得平等机会的杠杆，不存在任何形式的与地理或社会背景、性别、健康状况有关的歧视。早在 1999 年，摩洛哥《国家教育和培训章程》就建议在包括该系统所有组成部分在内的综合课程框架内建立一个新的国家教育系统组织。2015年，摩洛哥《改革战略愿景（2015—2030 年）》明确了职业教育培训改革的方向，包括以下几个方面。

（1）保障人人享有终生接受职业教育的权利。

（2）通过不断提高培训质量，最大限度地整合专业。

（3）加强通识教育与职业教育的结合。

（4）提高教育系统的有效性和效率。

长期以来，摩洛哥的职业教育处于国家教育系统的边缘，现在必须进行重新定位，使其能够从《改革战略愿景（2015—2030 年）》推动的改革动力中受益。职业教育在教育系统中的全面和完整整合及对职业教育的使命和覆盖范围的重新定义，对于形成教学和学习路径的连续性是必要的。

二、职业教育的培训模式

要确保职业教育的更大效力和效率，需要基于各利益相关者之间的技能共享建立一个连贯的治理模式，并整合到全球视野的框架内。

（一）指导原则

职业教育治理的重组应根据《改革战略愿景（2015—2030 年）》的建议，坚持以下三个主要指导原则。

（1）在自上而下、自下而上和跨领域干预之间建立必要的平衡，这将使加强国家、区域和地方各级之间的协商成为可能。

（2）保证参与职业教育与培训体系管理的各个机构的职能自主权，并赋予他们实施项目所必需的决策能力。

（3）在明确界定目标的基础上，通过系统地诉诸行动计划和项目的合同化，加强结果和绩效，并接受评估和问责。

（二）参与者

职业教育与培训体系的治理模式必须能够将相应的任务合理分配给以下四类主要参与者。

（1）将确定职业教育政策并协调实施和监管的任务，分配给负责教育、培训和研究的政府部门。

（2）将执行和实施职业教育政策的任务，下放给公共和私人运营商。

（3）将协商、监测、评估的任务，下放给国家、地区和地方各级的多方委员会。

（4）将监测和规划的任务，下放给在区域和部门层面设立的决策支持机构。

（三）不同教育阶段的职业教育

1. 初等教育阶段的职业教育

初等教育阶段注重将实践融入学习，这能使学习者提升他们的兴趣，肯定和发展他们的兴趣，在专业领域获得一个初始的机会，并让他们初步反思实践的意义。注重使用"主动教学法"，特别是通过手动性质的活动和实践，让学习者获得对职业的初步认知，尤其是五年级和六年级的学生，开始对与这些活动相关的不同领域（如视觉艺术、小工艺品、建筑等）产生兴趣。

2. 中等教育阶段的职业教育

中等教育阶段的职业教育课程指向获得专业学士学位，继续接受技术或专业高等教育，或进入工作生活。

志在获得大学毕业证的学生，将有可能从中学一年级转入专业中学路径或通识教育路径。

在核心课程学习结束时，学生将在二级专业课程的框架内选择一个专业，从而获得专业学士学位。这一文凭使其有可能获得更好的就业机会，并获得继续接受普通或专业高等教育的机会。对于希望取得普通学士学位或专业学士学位的学生，允许其重新定位，前提是要通过测试或面试。

如果未能获得专业学士学位，学生可以选择重新转向普通课程学习，或者可以参加为获取技术能力证书而开设的专业资格培训计划，以便后续进入职场。获得技术能力证书，学习者可以凭借专业经验或在接受技能评估并学习特定的培训模块后，继续其在普通课程或专业课程中的学习。

3. 高等教育阶段的职业教育

高等教育阶段的职业教育将专业技术人员文凭和高级技术人员专利整合到现有的学士学位范围内，特别是技术大学文凭和高等技术学院提供的高级技术人员文凭。

除了整合各种专业路径（如专业技术员和高级技术员）的可能性之外，专业学士学位提供了与普通学士学位相同的高等教育前景。

如果符合相关条件要求，学士学位文凭持有者可以继续读 2 年专业执照课程。获得专业执照后，可以学习各种更高级别的大学课程（如硕士、专业硕士、博士、国家工程师等课程）。

4. 终身教育层面阶段的职业教育

一个合格的培训系统，允许学习者在获取学校学位失败的情况下，为积极的工作、生活而接受职业教育，并有可能在获得经验和技能评估验证后返回学术性专业课程学习。

该系统将由专业部门在区域和培训操作员的支持下进行培训质量

监督。该系统还将能够提供为期4—6个月的短期专业技术和语言培训，以使非正规部门的工作人员，特别是16—18岁的年轻人受益。通过认证后，这些年轻人可以融入正规部门，在通过经验和技能评估验证后返回教育系统或获得自营职业的机会。

扫盲和非正规教育计划与职业培训相结合，使不在扫盲和非正规教育计划中并达到劳动法年龄的人能够融入社会，正常工作、生活，或在通过技能评估后进入大学深造。

由于以上机制的实施，摩洛哥公民可以通过获得专业经验的验证与技能评估，在工作生涯的任何时候都能重新进入教育培训系统。

第三节　职业教育治理的师资支撑

培训计划的核心要素是人力资源，尤其是培训师，他们能够将培训目标转化为获得受训人员资格和进入职场所需的知识、技能和态度。摩洛哥职业教育与培训体系现有培训师约19 500人，其中公立职业教育学校和机构约有培训师9 000人。平均监督率为38名学员/永久培训师，其中部级职业教育学校和机构的平均监督率为41名学员/培训师，公立职业教育学校和机构为52名学员/培训师，私立职业教育学校和机构为19名学员/培训师。这些培训师包括永久培训师和临时培训师，他们在2017—2018年占私营机构劳动力的46%和职业培训和劳动促进办公室劳动力的42%。各个部门临时培训师的比例仍然存在很大差异，例如设备部门的培训师均为临时培训师，旅游部门没有临时培训师。

关于培训师培训，培训师的资格、教学和专业能力提升是培训质量提升的关键。除了一些私营机构会对培训师进行培训外，一些培训师通常是在没有经过专业培训的情况下被招募的，而且招募的通常是刚毕业的学生，这就会影响实际培训的教学效果。因此，需要建立明确的培训师资格标准，确保所有培训师都具备必要的教育背景和专业技能。对于那些刚毕业且没有教学经验的培训师，应提供教学方法、课程设计和评估技巧等岗前培训，以提高他们的教学能力。职业教育机构应优先考虑具有行业经验的培训师，以确保教学内容与实际工作需求相符。摩洛哥应建立一个认证体系，对培训师的技能和知识进行评估和认证。目前，摩洛哥对培训师的进一步培训和对其技能的认证仍然非常有限。实际上，即使培训师已经具备一定的资格和经验，持续的专业发展也是必要的。摩洛哥应提供定期的进修课程和研讨会，以帮助培训师更新知识和技能，适应行业变化。

第四节　职业教育治理的政策支持

一、职业教育相关政策

以下关键文件有助于指导摩洛哥职业教育的发展。

（一）《改革战略愿景（2015—2030 年）》

2015 年，摩洛哥教育、培训和科学研究高级委员会建议实施一系列旨在提升职业教育和培训体系的措施，并制定了《改革战略愿景（2015—2030 年）》。这一战略愿景旨在改革教育体系，其核心是：通过公平和机会均等，人人享有优质教育，促进个人和社会发展。

（二）《国家职业培训战略（2016—2021 年）》

2016 年 5 月，摩洛哥教育部通过了《国家职业培训战略（2016—2021 年）》。该战略的实施是通过与各职业教育与培训运营商签订项目合同来启动的。它是《改革战略愿景（2015—2030 年）》中 23 项优先措施的组成部分，旨在保障全民教育和终身学习。

二、政策对职业教育的影响

自《改革战略愿景（2015—2030 年）》和《国家职业培训战略（2016—2021 年）》颁布开始，摩洛哥大力改革教育和培训体系，其职业教育与培训战略的主要目标是"人人享有优质职业教育，支持发展，提高人力资本价值，提高竞争力"。此外，《教育框架法》于 2019 年 7 月通过，并继续推出切实可行的渐进措施，例如为所有学生提供强制性医疗保险、向弱势家庭提供资金支持、扩大学前机构并增加入学率、为基层教育机构接入高速互联网等。在国家层面，教育、培训和科学研究高级委员会发表了对教育公共政策的意见，并评估了相关的公共政策和计划。

2018 年，摩洛哥国王穆罕默德六世提出在教育和培训领域进行改革，体现了国家对青年经济和社会融合重要性的认识。这一改革的核心目标是提高教育体系的质量和相关性，确保年轻人能够获得必要的技能，以适应劳动市场的需求。2019 年出台了教育和培训领域改革的新路线图，包括以下核心要素：改革计划涉及多个公共机构的合作，包括教育部、职业培训部、高等教育和科学研究部、劳动部、青年部、农业部和文化部，这种跨部门协作有助于确保改革措施能够全面覆盖教育和培训的各个方面；建立覆盖所有地区的最先进的技能和就业中心，这些中心将作为提供职业培训和就业服务的平台，帮助年轻人提升技能并找到工作；强调采用创新的技能发展方法，包括数字技能、创业技能，以及其他与当前或未来劳动市场需求相关的技能；更新教学方法，采用更互动、更实践的教学策略，以提高学习效果、改善学生的职业准备情况。

由于雇主对通过职业教育与培训税征收的资金的管理方式有所不满，经过多年的拖延，摩洛哥 2019 年通过了《继续职业教育法》，明确规定了继续培训的运作和组织。该法几乎涵盖了所有利益相关者，从私营机构的雇员到公共企业，现在所有员工都有权获得每年三个工作日的培训津贴。该法还引入了一项承认先前工作经验的制度。

在新冠肺炎感染疫情暴发之前，技能和劳动力部再次受到政府最高层的关注，政府的实际行动明显推动了其发展。例如，近十年来，摩洛哥教育辍学率（尤其是小学阶段）急剧下降，识字率一直在上升，这一切都是在经济稳定增长的背景下发生的。

2019 年摩洛哥通过的《教育框架法》为教育体系的改革和发展提供了法律基础和指导原则，旨在巩固教育和培训各方面的协调，确保不同部门和机构之间的政策和实践能够相互衔接，形成一个统一的教育体系。在每个省建立多功能培训中心是教育路线图的关键组成部分。这些中心将提供多样化的培训课程，满足不同群体的学习需求。提高了教育和培训服务的可及性，特别是对于偏远地区和农村地区的居民。

在更宏观的政策层面，摩洛哥于 2021 年 5 月推出了新发展模式，以巩固成果并指导职能部门未来几年的工作，改善教育和就业。例如，它的首要任务是实现"创造价值和优质工作的多元化经济"，这一目标强调了教育系统在培养能够为国家经济做出贡献的人才方面的重要性。通过提供与市场需求相一致的教育和职业培训，摩洛哥旨在培养具备创新能力和职业技能的劳动力，从而促进经济的多元化和增强其竞争力。其次是"加强人力资本，更好地为未来做好准备"。这一目标认识到人力资本是国家发展的关键资源。通过投资教育和职业培训，摩洛哥致力于提高其人民的技能和知识水平，使他们能够适应快速变化的全球经济和工作环境。为了直接解决这些需求，摩洛哥政府重申了学习和知识作为经济增长的关键决定因素的核心作用，并强调了加强人力资源资本的必要性。

摩洛哥目前被世界银行列为中高收入国家，过去 15 年取得了有目共睹的进步，并成功缩小了与南欧国家的生活水平差距。摩洛哥努力改善财政管理和实施经济多样化，例如在运输和可再生能源领域建立更具战略性的全球伙伴关系，增强了摩洛哥经济的复原力。因此，经过不断改进，摩洛哥在小学教育普及和减少贫困方面取得了显著进展。根据联合国儿童基金会 2019 年的数据，2016—2017 学年有 99.1 % 的 6—11 岁儿童就读小学，表明摩洛哥的小学教育普及率非常高，反映了政府在确保所有儿童都能接受基础教育方面的承诺和投资。联合国儿童基金会的数据显示，2019 年摩洛哥的贫困率降至 17.1 %。这一成就与教育普及、经济增长和社会福利计划等多种因素有关。

第十一章
摩洛哥职业教育的国际合作

第一节 摩洛哥与欧洲国家或国际组织的职业教育合作

一、与欧洲国家的职业教育合作

法国开发署（Agence Française de Développement，AFD）在摩洛哥实施"教育与研究转型支持计划"（Aide au Soutien à la Transformation des Enseignements de Référence，ASTRE），该计划不仅致力于加强中等教育阶段的外语教育，还致力于提升职业教育与培训同高等教育之间的衔接与融通。具体而言，ASTRE 计划通过提供资源和支持，以改善摩洛哥中等教育阶段的外语教学方法、教材和教师培训，从而提高学生的外语能力。同时支持建立更加顺畅的教育路径，使学生能够从职业教育顺利过渡到高等教育，或者在不同的教育层次间流动。促进职业教育和高等教育课程及资格的衔接，确保学生获得的资格得到广泛认可，并为他们提供更多的学习和发展机会。支持摩洛哥职业培训教育体系的现代化，包括更新课程、教学方法和技术工具，以满足劳动市场的需求。

德国国际合作机构也有多种援助干预措施，重点是改善摩洛哥职业教育与培训特别是工作本位学习的维度。

二、与欧盟的职业教育合作

欧盟对摩洛哥职业培训部门改革提供了以下三个方面的额外支持。

（一）FORCAP 技术援助项目

欧盟于 2016 年启动了对摩洛哥的职业教育与培训行业最重要的支持计划，该计划分为 5 200 万欧元的预算支持计划和 400 万欧元的 FORCAP（Formation des capacités，能力培养）技术援助项目，旨在加强摩洛哥职业教育治理，提升其培训能力，增加职业教育与培训部门的包容性，并向英国文化协会提供 250 万欧元赠款，以支持丹吉尔-得土安-胡赛马大区的职业教育和培训治理模式。

FORCAP 技术援助项目支持职业培训部加强培训的战略规划，制定培训者培训的综合政策，建立综合职业培训信息系统，并建立部门中期职业培训框架。

该项目预期的四个主要成果如下。

（1）加强职业培训部门政策治理。

（2）加强参与实施和监督职业培训政策的行为者的能力和技能。

（3）增加弱势群体获得职业培训课程的机会。

（4）参与支持这些群体的行为者之间的协调。

该项目是与职业培训部合作实施的，并与项目的所有利益相关者、参与者和受益者密切协调。该项目促进了欧盟与摩洛哥在职业培训领域的合作关系。

FORCAP 技术援助项目中对技术援助的管理在如下三个层面得到保证。

（1）指导委员会：该委员会汇集了参与职业教育体系的公共和私营机构、欧盟代表团的代表和职业培训部相关人员，每年召开两次会议，确定项目的方向。

（2）专题委员会：将与FORCAP项目有关的利益相关者聚集在一起，并负责协助其实施专题委员会所确定的行动。

（3）技术监督委员会：每月召开一次会议以指导项目。成员来自职业培训部和FORCAP项目的技术援助团队。

（二）Kafaat Liljamia 项目

欧盟支持的第二个项目是 Kafaat Liljamia 项目，它由英国文化协会和西班牙国际合作发展署共同执行，该项目反映了国际合作在教育和社会发展方面的重要性，旨在提升摩洛哥职业教育培训体系质量、包容性以及劳动力市场导向性。该项目致力于提高职业教育培训的质量，确保职业教育课程与国际标准和市场需求一致；强调为不同背景的学习者提供平等的教育机会，包括性别平等、关注边远地区居民等；培训内容和方法将与劳动力市场的需求紧密结合，以提高毕业生的就业率和职业适应性。

Kafaat Liljamia 项目支持区域层面的职业教育与培训部门改革和社会经济发展，符合区域发展战略需要。该项目通过帮助摩洛哥建立多方利益相关者工作组来解决地方发展问题，这些工作组与区域一级的机构合作，以提供更高质量和更契合当地的技能产品。这个项目在丹吉尔-得土安-胡赛马大区和摩洛哥东部大区两个地区试点开展业务。项目的具体目标如下。

（1）加强利益相关者之间的有效协调，以加强规划、提供和评估职业培训的区域系统。

（2）改善弱势群体获得适应劳动力市场需要的优质职业培训的机会。

该项目的预期结果是：建立由公共和私营机构参与的可持续区域伙伴关系，以指导试点地区区域职业教育体系的规划、执行和监测；开展试点地区职业培训工作组成员的能力建设，以使其更好地履行使命；吸取其他地区的经验教训，并在国家层面提供立法建议，以影响地区层面的职业培训管理；发放补贴，试行至少六种新方法，改善弱势群体获得适应劳动力市场需求的优质培训的机会。

（三）人力资源发展部门支持计划

欧盟支持的综合教育和培训支持计划已经开始实施，其中包括 1.4 亿欧元的预算支持计划和 6 000 万欧元的人力资源发展部门支持计划。人力资源发展部门支持计划的实施将有助于摩洛哥落实《教育框架法》的规定。

摩洛哥据此在 2021 年制定了以下三个具体目标。

（1）发展更广泛、更具包容性的职业培训体系。

（2）使培训提供与劳动力市场的需求保持一致，提高职业培训体系的质量。

（3）实施更有效和综合的治理，加强所有公共和私营培训机构行为者之间的协调。

这三个具体目标构成了该计划的主体，具体计划分解如下。

（1）提供预算支持 5 200 万欧元。

（2）向职业培训部门的参与者提供技术援助（价值 380 万欧元）。

（3）在丹吉尔和东部地区开展试点行动（价值 240 万欧元）。

（4）机构结对，支持国家认证框架的实施（价值 120 万欧元）。

（5）对计划进行评估和认证（价值 60 万欧元）。

人力资源发展部门支持计划旨在能继续支持欧盟此前在摩洛哥开展的合作项目（已结束或正在进行），以促进摩洛哥职业培训的发展，提升摩洛哥的企业在自由贸易区的竞争力。

三、与其他国际组织机构的职业教育合作

（1）欧洲投资银行正在资助摩洛哥建立 150 所新的社区学校。

（2）世界银行向摩洛哥的多个经济部门提供财政援助，致力于改善摩洛哥获得优质的幼儿发展服务的机会，以及提高教育系统的质量和有效性，具体援助项目包括"为摩洛哥青年获取海外就业机会""Noor 太阳能项目""为创新创业公司融资""支持青年经济融入""教育支持计划""摩洛哥以结果为目的的绿色一代计划"等。世界银行倾向于使用大笔预算和提供贷款的方式支持摩洛哥。

（3）联合国工业发展组织目前正与摩洛哥的职业教育培训部实施两个合作项目：卡车和公共汽车司机培训计划、废水管理培训计划。以卡车和公共汽车司机培训计划为例，由于新冠肺炎感染疫情的影响，所有学生、培训师和工作人员不得不居家或歇业，联合国工业发展组织一直在与其合作伙伴密切合作，探索用数字方法继续开展培训计划。在疫情暴发之前，联合国工业发展组织已经开始了卡车和公共汽车司机培训计划的首个培训周期。该计划实施团队意识到，计划初期只能快速适应疫情的形势，无论是评估受训者的方式还是提供培训的方式，都必须按远程学习的形式重新构建。该团队在特定行业的电子学习平台上为 16 名受训者和 4 名培训师启动了一项远程的预培训计划。

（4）联合国教科文组织致力于提升摩洛哥地区层面的青年就业能力，并正在实施由欧盟资助的地中海青年就业项目。

第二节　摩洛哥、韩国与喀麦隆等四国的职业教育合作

摩洛哥、韩国同喀麦隆、科特迪瓦、塞内加尔、突尼斯四个非洲国家有一个合作项目。该项目建立在韩国国际协力机构与摩洛哥职业培训部合作的项目——卡萨布兰卡工业汽车研究所项目——的成功基础上。卡萨布兰卡工业汽车研究所自 2013 年成立以来，不断取得优异成绩，促成了这一六国三方合作项目的成立，以响应喀麦隆等四个非洲国家以卡萨布兰卡工业汽车研究所为基准的巨大需求。这个三方合作项目旨在培训喀麦隆等四个非洲国家的政府官员和技术指导者，帮助他们制订行动计划，开展汽车行业职业培训，培养汽车行业优质人力，促进各国工业和经济增长。该三方合作项目包括两种类型的培训课程：第一类课程旨在培养摩洛哥官员和汽车行业管理人员的能力，第二类课程旨在提升喀麦隆等四个非洲国家的政府官员和技术指导者的能力。

从规划阶段开始，该项目的设计就采用了由韩国一家培训机构开发

的"ABCD 方法",以开发适应非洲五国需求的培训课程。"ABCD 方法"是基于分析的课程开发方法,是在设计项目之前根据政策分析(即按地区、制度和政策分析受援国的国力增长战略)、形势分析(即分析相关地区的内外环境)和现场分析(即分析相关领域的现状和需求),选择培训主题、科目,确定培训目标,并根据调查结果设计适合培训主题和目标的课程。

这一三方合作项目,在 2018 年培训了 10 名摩洛哥汽车行业官员,在 2019 年培训了来自喀麦隆等四个非洲国家的 12 名政府官员和技术指导者。考虑到新冠肺炎感染疫情的影响,韩国国际协力机构在 2020 年通过在线形式开设了剩余的第三期和第四期课程。学员的学业成绩和满意度都很高,针对 2018—2019 年培训课程参与者的调查结果显示,学员对课程的平均满意度为 90 分(满分 100 分),来自摩洛哥和其他四个非洲国家的学员已经完成了在各自国家制订的行动计划。为鼓励在合作国家继续实施这些行动计划,韩国国际协力机构会持续调查并监测这些行动计划的实施情况,直至项目结束。韩国国际协力机构还将在计划完成后与摩洛哥相关方进行后续评估。

通过这一三方合作项目,增加了参与国之间自主合作的机会。作为此次培训的成果,摩洛哥和塞内加尔还通过援助合作成立了高等职业教育学院,并签署了合作协议,以促进培训交流活动,提升教师的能力,从而确保项目的可持续性。

自卡萨布兰卡工业汽车研究所成立以来,摩洛哥职业培训部为推动三方合作倡议,特别是与非洲法语国家的合作付出了极大努力。通过三方合作项目,韩国国际协力机构计划为提高摩洛哥作为三方合作中的领先国家的能力提供支持。韩国国际协力机构计划开展后续项目——摩洛哥职业教育培训师技术增强培训中心项目(2020—2024 年)。这个新项目可使摩洛哥职业教育与培训的学员能够学习信息通信技术等新技术,并提高实践能力。三方合作项目也将继续在这个培训中心进行培训,以培养邻国职业教育教师与培训师的技能。

第三节　摩洛哥与中国的职业教育合作

摩洛哥是第二个同新中国建交的非洲国家。自 1958 年建交以来，两国关系始终健康稳定发展。特别是 2016 年中摩两国建立战略伙伴关系后，在中非合作论坛、"一带一路"倡议和中非经贸博览会引领下，签订了贸易协定、投资保护协定、避免双重征税协定、共建"一带一路"合作规划等多项合作文件，在更广领域、更深层次取得了丰硕成果，两国经贸合作关系更加紧密，驶入快车道。

自 2019 年 12 月开始，天津商务职业学院与摩洛哥阿伊阿萨尼 I 应用技术学院签署合作协议，确定共同建设摩洛哥鲁班工坊的意向，建设专业为跨境电子商务专业。阿伊阿萨尼 I 应用技术学院创建于 1989 年，是摩洛哥卡萨布兰卡市知名的职业培训学校，为当地经济社会发展培养了大批贸易、商务及管理人才，培养质量受到高度认可。摩洛哥鲁班工坊位于卡萨布兰卡市阿伊阿萨尼 I 应用技术学院校园内，面积约 200 平方米，以"云计算机房"及空中课堂为载体，以体现"教、学、做"一体化职业教育理念的仿真实训软件为平台，建设了 4 个实训区域，分别为跨境电商运营实训室、跨境电商视觉营销实训室、跨境电商虚拟仿真实训室和跨境电商工作室。

本次合作结合了阿伊阿萨尼 I 应用技术学院的专业发展需要，通过师资培训和青年跨境电商技能学习，为摩洛哥跨境电商企业培养技术技能人才，以带动摩洛哥跨境电商行业发展，从而为摩洛哥青年创造更多的就业机会。同时，以鲁班工坊为平台，进一步促进两国经贸企业的交流沟通和经贸发展。2021 年 2 月 9 日，摩洛哥鲁班工坊首次师资培训以线上的形式全面启动。在为期 2 个月的培训中，就跨境电商基础理论知识、跨境电商店铺开设与运营、跨境电商物流、跨境电商客户服务、跨境电商网络营销、跨境电商支付、跨境通关等核心知识与技能进行了 12 次 48 课时的培训。相关教学标准制定、资源建设与摩洛哥鲁班工坊建设同步进行。天津商务职业学院与摩洛哥阿伊阿萨尼 I 应用技术学院共同商讨，双方确定就跨境电商专业核心知识和技能进行教学资源建设。双方组织教师开发了跨境电商基础、跨境电商网店开设与运营、跨境电商客户服务三门课程的中法双语教材及跨境电商实训指导教程，制定了适合摩洛哥鲁班工坊跨境电商专业的专业教学标准。

　　摩洛哥鲁班工坊的建成标志着中摩跨境电商合作、教育合作掀开了新篇章。工坊是中摩职业教育深入交流与深度合作的重大成果，也是推进两国人文交流、民心相通的重要载体，更是两座美丽的海滨城市——天津和卡萨布兰卡友好往来的见证。摩洛哥鲁班工坊将发挥其在职业教育与职业培训方面的重要作用，积极拓展更深层次、更宽领域、更广范围的合作交流，助力摩洛哥技术技能提升、经济社会发展。鲁班工坊将同摩洛哥合作院校密切配合，共同实施能力建设工程，让优秀的职业技术与文化既"走出去"又"引进来"，在发展振兴的征程上走出特色鲜明的合作之路，推动构建高水平中非命运共同体。

第十二章
摩洛哥职业教育面临的
挑战与发展建议

第一节　摩洛哥职业教育面临的挑战

一、整体挑战

根据 2021 年国家职业培训战略，摩洛哥的职业教育与培训体系面临以下挑战。

（一）包容性

职业教育与培训体系对一些人群的开放度还不够，特别是对来自农村地区、贫困社区或低收入家庭的人口，以及不同社会背景的年轻人的关注不足，因此他们进入公共职业培训机构接受培训的机会有限。

（二）需求驱动的培训匹配度

需求驱动的培训匹配度一直是职业培训决策者和利益相关者关注的主要问题之一，因为它在确定培训供应的质量和数量方面都很重要。职业培训供应的定性和定量发展需要了解经济和社会需求的变化。然而，正如对摩洛哥国家职业教育与培训体系的诊断所表明的那样，尽管摩洛哥引入了几种用于识别和定义需求的工具，但培训供应与若干经济部门的需求之间仍然存在显著差异。

（三）学员培养质量

从数量上看，职业培训体系取得了重大进展，特别是通过过去15年的投资努力。但是，在质量方面仍然存在制约因素，学员的资格水平仍然受到雇主的批评，相当一部分年轻人尚未获得文凭或职业资格脱离了职业培训体系。

（四）管理的有效性

在职业教育与培训体系管理和公共政策实施中，参与者的多样性、资金模式的复杂性及资源分配决策中心的分散，使得规划、协调和监测工作变得困难且常常无效。对参与者的角色和责任没有明确界定，是造成治理困难和效率低下的重要原因，这导致现有参与者之间的协调薄弱、培训供应链缺乏监管。

（五）职业教育与培训体系评价

职业教育与培训的吸引力仍然不足，在大多数情况下，职业教育接受者将职业教育与培训视为为学业失败的的退路，而不是个人成功的选择。职业教育吸引力方面的主要弱点突出表现在它的社会包容性不够，为社会人员提供的培训机会不足。

二、具体问题

（一）过时的制度框架

摩洛哥职业教育的战略使命及其在国家社会经济发展模式框架内所扮演的角色缺乏明确和制度性的定义，这与当今的国际趋势形成鲜明对比。在政策制度层面明确职业教育在国家经济竞争力和个人社会进步方面的重要作用，早已成为国际通行做法。此外，摩洛哥职业教育作为满足公司技能需求的杠杆，其作用如今因过时的培训制度方案而受到影响，因为其提供的培训级别（专业化培训、资格培训、技术人员培训和专业技术人员培训）是建立在劳动分工（专业工人、合格工人、技术员）的基础之上的，但这在今天的大多数企业中已不再流行，当今劳动分工更趋多元化与复杂化，更强调培训的多元化、针对性与灵活性。因此，缺少与时俱进的职业培训方案，对企业技能需求的满足和个体的职业能力提升造成了挑战。

职业培训的立法和制度框架虽然涵盖了与职业教育与培训体系相关的所有方面，但仍与摩洛哥社会经济现实所经历的重大和持续发展脱节，并因此备受批评。在这方面需要强调的是，摩洛哥大多数相关法规文件的颁布都可以追溯到 30 多年前，即使政府为了适应新的现实，对这些法规文件进行了一系列的修订，但仍然无法满足当前需求，这些文件亟待全面修订。

（二）与普通教育系统衔接不畅

摩洛哥教育部、职业培训部、高等教育和科学研究部在同一部级实体内的整合预示着一个新的发展方向——在处理摩洛哥普遍的教育问题时采用全球通用的方法，但这种整合仍然仅限于行政整顿阶段。这个新的发展方向也只有在整合国家教育与培训体系涉及的所有方面（教学模式、培训和提升体系、管理方法和规划等）时才能产生预期的凝聚力。

摩洛哥教育部、职业培训部、高等教育和科学研究部设立的专业学士学位课程以及从大学毕业后通往该课程的路径，构成了职业教育与普通教育衔接的第一阶段。缺乏对有辍学风险的年轻人的支持及对他们在辍学前的早期关注，是另一个需要关注的问题。恢复通识教育的桥梁的可能性或继续学习的可能性，也构成了大学后受教育者职业生涯发展的重要选项。高等教育与职业教育在基层管理层面有很大提升空间，必须超越单纯看重招生规模的观念，真正提供创新的联合培训，满足年轻人的职业需求。教育和培训系统不同组成部分共同实施的项目的设计、实施和监督，在区域和地方层面缺乏协调。长期以来，构建系统的教育培训网络还停留在理论概念层面，无法在实践层面实现。

（三）培训计划和管理效率低下

尽管培训提供者努力加强其支持定性和定量培训需求的能力，但事实上，目前的职业教育与培训体系仍然不能使培训提供者掌握就业市场变化，无法有效关注可预见的经济和社会部门变化，并确保对该部门进行战略观察。这就导致以下几个方面的问题。

（1）需求规划和决策的高度集中化，使得培训提供者无法发现区域、地方甚至部门层面的具体需求。然而，就业需求和即将实施的培训之间的联系只能在区域一级进行，须特别注意分析就业领域的情况。

（2）因缺乏综合信息系统设备，而无法保障培训数据的可靠性。

（3）制定国家战略时虽然研究了按培训领域注册的人数，并且每个培训提供者在计划合同中都有明确记录的目标，但高级计划委员会和专业联合会仍可能要求根据行业和资格水平的实际需要进一步优化和调整培训课程。总体上，当前培训规划过程较为僵化，灵活性不足，不能适应不断变化的需求。

（4）培训课程的多样性与个人就业服务的稀有存在形成鲜明对比。这是培训提供水平的主要功能障碍。

根据相关学者对职业教育认知的研究，职业教育与学业失败的关联以不同的方式被表达："它是那些别无选择的人的选择"，"它是学生的避难所"，"它是平均成绩低的学生的避难所"。这些负面看法在大学生中尤为盛行，而在受训者中，这种负面看法的比例较低。该研究指出，对职业教育的看法已经变得复杂，它们取决于所讨论的角色、问题和话题。

尽管职业教育是专业整合的一种可行的替代方案，但仍然被学生认为是毕业后的唯一出路，毕竟在普通教育学业失败之后，除了接受职业教育，在摩洛哥没有其他可能的社会晋升途径。

第二节　摩洛哥职业教育发展建议

一、重新定义初始职业教育的角色、使命和范围

重新定义初始职业教育的角色、使命和范围，将在该领域公共政策的制定和实施框架内产生影响。须明确以下几个方面。

（1）在就业需求的资格和覆盖范围方面明确对职业教育与培训体系的期望。

（2）明确参与者的干预领域及其职责。

（3）明确分配给职业教育与培训体系的手段和资源。

（4）明确职业教育部门的经济和社会影响。

这些界定还将提供更好的培训路径，以使参加职业教育课程的学生对他们的个人发展或所学专业进行反思，甚至在课程学习中逐步建立并完善自己的职业规划。职业教育应开发专门的培训课程，服务残疾人或有特殊需求的人群（囚犯、移民等）及那些社会边缘人。

二、重新设计教学模式

职业教育教学模式的彻底改革必须与摩洛哥学校现行的教学模式改革一致，要更加全球化。摩洛哥《改革战略愿景（2015—2030 年）》规定了其改革的主要方向，提出需要在义务教育阶段为所有学习者提供基础学科学习须具备的通用基础课程，包括阅读、写作、算术、母语和外语，以及必

要的知识、技能和教育价值观。这项改革必须符合职业教育的重新定位，现在已与国家教育系统的其他组成部分完全整合。

因此，拟议的教学模式旨在提高课程的有效性，并促进上述所追踪的不同教育和培训课程之间的可能通道。应该利用两个系统（通用课程和专业课程）在教育方面的成就，促进课程之间的协同。

该模式将围绕以下七个要点进行衔接。

（1）培训基于独特的交替模式，将培训机构和企业紧密联系起来，并将理论与实践相结合。

（2）提供适应国家、地区特点和需求的"新一代"培训服务。

（3）各级培训以模块化组织，以便使受训者更好地了解培训课程和不同培训级别之间的通道。

（4）基于获得执行工作和提高就业能力所需技能的培训服务。

（5）提高语言能力的培训服务。

（6）培养学习者的关键技能（软技能）。

（7）提升数字技术使用能力和远程学习能力的培训服务。

三、明确培训机构新任务

负责提供培训的"新一代"机构的主要任务应包括以下几个方面。

（1）提供基础通识教育，文化教育是其组成部分之一。

（2）提供初步的技术和职业培训。

（3）与专业分支机构合作，为辍学者的合格培训做出贡献。

（4）提供语言技能和生活技能培训。

（5）提供有关教育途径和工作的信息和指导。

（6）持续开展有助于机构自身发展的人力资源培训。

目前的职业教育服务主要集中在城市，农村的职业教育服务严重不足。针对大学毕业生职业发展的职业教育，将使在农村环境中成长起来的学习者受益，在一定程度上弥补其与城市学习者的差距。因此，这是建立新的职业培训中心的机会，但要特别注意培训环境的特殊性，以及培训场所的功能性与安全性，同时要进行良好的教育组织，所提供的培训课程要适应所在地社会、经济和环境方面的特殊性。

四、构建有效且高效的治理模式

要确保职业教育的更大效力和效率，需要基于各利益相关者之间的技能共享，建立一个连贯的治理模式，并整合到全球视野的框架内。

（一）三个指导原则

职业教育治理模式的重构应根据《改革战略愿景（2015—2030年）》的建议，基于以下三个主要指导原则实施。

（1）在自上而下、自下而上和跨领域干预之间建立必要的平衡，这将使加强国家、地区和地方各级之间的协商成为可能。

（2）保证参与职业教育与培训体系管理的各个机构的职能自主权，并赋予他们实施项目所必需的决策能力。

（3）在明确界定目标的基础上，保障项目合同的合规化，加强结果和绩效核算方法，并接受评估和问责。

（二）四个核心职能

（1）政策制定与协调：负责教育、培训和研究的政府实体承担确定职业教育政策，以及协调实施和监管的任务，确保政策的连贯性和一致性。

（2）政策执行与实施：公共和私人培训机构负责执行和实施培训政策，直接参与教育和培训服务的提供。

（3）协商、监测、评估：多方委员会在国家、地区和地方各级负责协商、监测和评估任务，确保培训活动与社会和经济发展需求相符，并进行持续的质量控制。

（4）监测和规划：决策支持机构在区域和部门层面负责监测和规划任务，提供数据支持和战略规划，以指导职业培训的方向和重点。

（三）五个实施路径

（1）建立合作机制：鼓励不同利益相关者之间的合作，包括政府、教育机构、行业合作伙伴和社区组织，共同参与职业教育的治理。

（2）制定明确的政策框架：制定清晰的政策和法规，为职业教育的实施提供指导和支持。

（3）加强能力建设：对参与职业教育所有层面的人员进行能力建设，提高他们的专业技能和管理能力。

（4）利用技术工具：利用信息技术来改进数据收集、分析和决策过程，提高治理效率。

（5）持续的评估与反馈：建立持续的评估机制，收集反馈信息，及时调整政策和实践，以适应不断变化的环境。

通过上述措施，可以建立一个更加有效和响应迅速的职业教育体系，以进一步满足劳动力市场的需求，促进经济发展和社会进步。

参考文献

一、中文文献

［1］吴旻雁，黄超．埃及文化教育研究［M］．北京：外语教学与研究出版社，2022．

［2］王晶，刘冰洁．摩洛哥文化教育研究［M］．北京：外语教学与研究出版社，2021．

［3］王娟，李晓彤．需求导向下中国职业教育走进非洲的路径探析——以埃及鲁班工坊建设为例［J］．中国轻工教育，2021，24（4）：25-30．

［4］毕健康，陈勇．当代埃及教育发展与社会流动问题评析［J］．西亚非洲，2015（5）：114-126．

［5］陈天社．埃及民生问题研究综述［J］．外国问题研究，2020（2）：108-116+120．

［6］杨熹．文化记忆视阈下的古代埃及职业教育［J］．内蒙古民族大学学报（社会科学版），2021，47（1）：38-43．

［7］王婷钰．“一带一路”背景下深化中阿高等教育合作的战略思考［J］．比较教育研究，2020（7）：20-26+42．

［8］孔令涛，沈骑．埃及“2030愿景”教育发展战略探析［J］．现代教育管理，2018（10）：110-114．

［9］李娜．浅析二战后埃及教育现代化发展历程［J］．考试周刊，2017（92）：27．

［10］宋臻．埃及：文明古国的技术教育［J］．职业，2017（7）：10-11．

［11］徐丹．摩洛哥鲁班工坊跨境电子商务方向建设可行性与可持续性研究［J］．中国管理信息化，2021，24（19）：197-198．

［12］高萌．面向2030年的摩洛哥高等教育改革：背景、策略与挑战［J］．法语国家与地区研究，2021（4）：1-9+90．

［13］於荣，姜洋. 摩洛哥教育改革的新举措——《国家教育紧急计划》述评［J］. 比较教育研究，2014（5）：24-27.

［14］李春顶，平一帆. "摩洛哥制造"释放产业机遇［J］. 进出口经理人，2020（12）：48-49.

［15］江琪，张宏. 当代摩洛哥维护社会稳定的国家治理实践［J］. 阿拉伯世界研究，2021（6）：56-74+156-157.

［16］徐辉，武学超. 中东-北非区域教育现代化的困境与发展取向［J］. 西南大学学报（社会科学版），2020，46（5）：86-94+193.

［17］蔡承浩. 埃及与中国近代教育改革之比较［D］. 上海：上海外国语大学，2009.

［18］李阳. 埃及近代以来教育发展与埃及现代化［D］. 西安：西北大学，2002.

［19］马青. 埃及的大学国际化研究［D］. 上海：华东师范大学，2014.

［20］古萍. 中国与摩洛哥人文交流合作机制建设研究［D］. 上海：上海外国语大学，2017.

二、外文文献

［1］Sobhi Tawil，Sophie Cerbelle，Amapola Alama. Education au Maroc: Analyes du secteur［M］. Moghreb：UNESCO, Bureau multipays Pour le Maghreb，2010.

［2］OMAR CHERKAOUI. 工业 4.0 对全球供应链的影响研究：以摩洛哥为例［D］. 济南：山东财经大学，2021.

［3］Abbas, M. A. Informal Economy in Egypt：Problems and Solutions［R］. 2019.

［4］Blaydes, L. Challenges to Stability in Egypt［R］. Hoover Institute，2019.

［5］European Training Foundation. Egypt-NQF Inventory［R］. Turin：ETF，2018.

[6] European Training Foundation. Torino Process 2018—2020: Egypt [R]. Turin：ETF，2020.

[7] European Centre for Development of Vocational Training，European Training Foundation，United Nations Educational, Scientific and Cultural Organisation，UNESCO Institute for Lifelong Learning. Global inventory of regional and national qualifications frameworks Volume II：National and regional cases [R]. Cedefep，2020.

[8] European Union. Overview of the Higher Education System: Egypt [R]. Brussels：European Commission，2017.

[9] International Labour Office. Measurement of the Informal Economy [R]. Geneva：ILO，2022.

[10] Schneider，F.，Buehn，A. & Montenegro，C. E. Shadow Economies all over the World [R]. Washington：World Bank，2010.

[11] Ministry of Higher Education，Scientific Research and Executive Training. Overview of the Moroccan Education System [R]. Geneva：UNESCO，2004.

[12] Conference on Quality and Evaluation of Higher Education. Quality Assurance in the Reform of Higher Education in Morocco [R]. France：CIEP，2006.

[13] Kingdom of Morocco. Teaching Staff of University Higher Education Current situation and prospects for 2020: Case of Morocco [R]. Rabat：Ministry of Higher Education, Scientific Research and Executive Training，2013.

[14] Kingdom of Morocco. For a new breath of reform: Programme NAJAH 2009—2012 [R]. Rabat：Ministry of National Education, Higher Education, Training and Scientific Research，2008.

[15] Kingdom of Morocco. Reform of the Education and Training System 1999—2004. Progress report and conditions of a relaunch [R]. Rabat：Special Commission for Education and Training，2005.

[16] Youhansen Eid. The Status of the Egyptian NQF: History and Updates [Z]. NAQAAE, 2020.

[17] El-Rifae, Y. 2014. Egypt's Informal Economy [EB/OL]. (2014–01–06) [2024–08–03]. https://www.mei.edu/publications/egypts-informal-economy.

[18] Egypt Today. Informal economy exceeds 50% of Egyptian economy [EB/OL]. (2019–04–16) [2024–08–03]. https://www.egypttoday.com/Article/3/68388/Informal-economy-exceeds-50-of-Egyptian-economy.

[19] Scholaro. Education System in Egypt [EB/OL]. (2020–02–26) [2024–08–03]. https://www.scholaro.com/pro/Countries/Egypt/Education-System.

[20] UNDP. Human Development Report 2019 [EB/OL]. (2019–12–09)[2024–08–03]. http://hdr.undp.org/system/files/documents/hdr2019.pdf.

[21] UNESCO Institute of Statistics. Egypt Education. [EB/OL]. (2020–08–16) [2024–08–03]. http://uis.unesco.org/en/country/eg.

[22] Ramage Y. Mohamed, Makala Skinner, Stefan Trines. Education in Egypt [EB/OL]. (2019–02–21) [2024–08–03]. https://wenr.wes.org/2019/02/education-in-egypt-2.

[23] Encyclopedia of the Nations. Egypt Education [EB/OL]. (2020–02–26) [2024–08–03]. https://www.nationsencyclopedia.com/Africa/Egypt-EDUCATION.html.